W0232788

Drei Generationen

*Für Urgroßmutter Langloh, Großmutter
Catharina Sibbers, Mutter Gerda Dürkoop
und meine beiden Töchter und vier Enkelinnen*

Ute Karen Seggelke

Drei Generationen

Großmütter, Mütter und Töchter erzählen

ausgeschieden
BBZ
Altstadt
11-88 | 46.90

Immer wieder ist es die eigene Geschichte, die mir zu den Themen meiner Bücher verhilft. So auch dieses Mal: drei Frauengenerationen. Das Thema führt mich zurück in meine Kindheit. Meine von uns allen geliebte Großmutter lebte uns gegenüber auf der anderen Straßenseite, in einem Randbezirk von Hamburg. Sie war der Mittelpunkt aller Familienfeste, zu denen selbstverständlich nicht nur ihre beiden Töchter – meine Mutter und ihre Schwester (meine Patentante) – und deren Kinder – sechs Enkelinnen und zwei Enkel – erschienen, sondern auch immer ihre Schwestern Tante Elsa und Tante Clara, ihre Schwägerin Tante Paula mit Tochter Astrid, ihre Freundin aus Kindertagen »mein Hanning« und Tante Else, die Frau ihres Bruders John. Der Mann von Ota, wie wir sie nannten, also mein »kleines Opalein«, verstarb früh. Die Männer spielten bei den Festen allerdings auch keine große Rolle.

Besonders schön war Otas Geburtstag an Silvester. Auch als wir größer wurden und eigene Silvesterfeten feierten, ließen meine fünf Cousinen und ich es uns nicht nehmen, zum gemütlichen Geburtstagskaffeeklatsch zu ihr zu gehen. Ota backte in einer speziellen Pfanne die leckeren Förtchen, und wir genossen das fröhliche Zusammensein. Wir spürten früh die Familienbande und fühlten uns eingebettet in eine Frauengenerationenkette. Wir Enkelinnen standen der Großmutter viel näher als ihre Töchter.

Heute sind wir nicht mehr Enkelinnen, wir haben selbst Enkel und Enkelinnen – wir sind jetzt die Alten, und die Generationen vor uns leben nicht mehr. Unsere Großmutter lebt nur noch in der Erinnerung fort und in einem schönen

Erbe, das uns verbindet: der Liebe zum Gärtnern und der Liebe zur Nordsee, von der sie stammte. Von Ota aus gesehen, leben meine Töchter und Enkelinnen in der vierten und fünften Frauengeneration.

Das ist die Vorgeschichte dieses Buches. Das Projekt hat mich kreuz und quer durch Deutschland (und in die Schweiz) geführt – ein Abenteuer, das nicht immer leicht zu bewältigen war, schließlich umfasst jedes aus Großmutter, Tochter und Enkelin bestehende »Trio« die doppelte Mutter-Tochter-Konstellation. Und die hat es bisweilen in sich.

Wie immer interviewte ich die Frauen getrennt und fotografierte sie gemeinsam. Alles begann mit diesem Foto, das mein Schwiegersohn, Daniel Taake, aufnahm: Es zeigt mich mit meiner Tochter Birte und ihrer Tochter, meiner Enkelin May Taake.

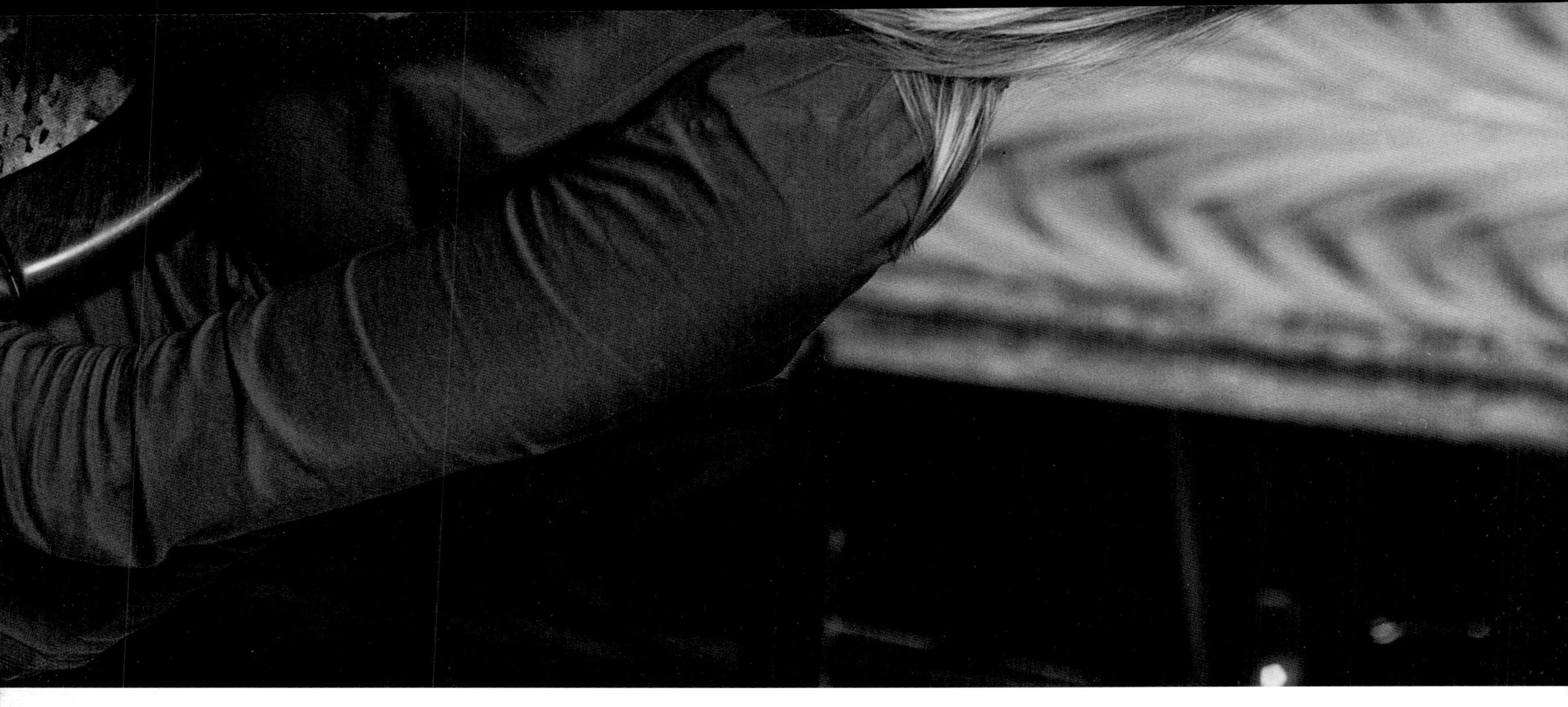

SABINE MEYER

ELLA MEYER

ALMA WEHLE

ELLA MEYER

Unser Haus war ein offenes Haus.

Meine Eltern hatten hier in Crailsheim-Onolzheim eine Bäckerei. Mein Vater war Bäckermeister und auch der Bürgermeister des Dorfes. Wir waren eine angesehene Familie. Das Haus, in dem ich jetzt noch mit meinen Schwestern lebe, haben meine Eltern in der Nachkriegszeit errichtet. Mein Mann und ich bauten einfach ein Stockwerk obendrauf, damit wir eine Bleibe hatten, und hier sind die Kinder geboren, zuerst unser Sohn Wolfgang und fünf Jahre später Sabine. Mein Bruder baute dann eine neue Bäckerei, seitdem leben meine Schwestern mit in unserem Haus. Es war eine schöne Zeit mit der Großfamilie.

Mein Mann war Musiker. Ich führte für ihn die Bücher und versorgte den Haushalt. Er unterrichtete in Crailsheim an der Musikschule und gab im gesamten Umkreis Unterricht. Er konnte alle Instrumente spielen. So kam es, dass Sabine sehr früh, schon mit drei bis vier Jahren, bei ihm Klavierunterricht bekam. Mein Mann hatte früh ihre große Begabung bemerkt, die hat er natürlich gefördert. Als zweites Instrument lernte sie Geige. Beide Kinder waren musikalisch. Der große Bruder war Sabines Vorbild, und als er Klarinette spielte, wollte sie das auch. Sie lernte so schnell, dass sie schon mit elf Jahren als Jungstudentin an der Musikhochschule in Stuttgart anfangen konnte. Zweimal die Woche fuhr sie dorthin, bis sie schließlich mit fast vierzehn ganz nach Stuttgart zog, dort die Waldorfschule besuchte und daneben an der Musikhochschule Musik studierte. Wir konnten sie bei Verwandten unterbringen, aber ich war doch sehr traurig, dass sie schon so jung fortging und ich ihr gar nichts mehr beibringen konnte. Das war nicht leicht für mich, sie war ja noch ein Kind. Aber sie wusste schon genau, dass sie Klarinettistin werden wollte,

und in Crailsheim hatte sie keine Möglichkeit, darum musste sie nach Stuttgart ziehen. Sie war so ausschließlich auf das Musikalische konzentriert, dass die Schule ein wenig zu kurz kam, das war die logische Konsequenz. Sabine kommt mehr nach ihrem Vater. Durch die Musik wurde sie hauptsächlich von ihm geprägt, sie hat wenig von mir. Am Wochenende kam sie zwar nach Hause, doch das war dann eher zu Besuch.

Sie liebt Tiere, und wenn sie hier war, ging sie gleich zu den Pferden des Nachbarn. Jetzt hat sie schon lange eigene Pferde. Mit ihrem Mann Reiner hatte sie ein schönes Bauernhaus mit großem Garten und Stallungen bei Hannover. In der großen Diele veranstaltete sie mit ihm und meinem Sohn Wolfgang kleine Konzerte. Ich habe jahrelang historische Kleider entworfen und diese bei einer solchen Gelegenheit einmal vorgeführt. Hier im Dorf waren meine Modenschauen richtig Kult. Das hat viel Spaß gemacht.

Dadurch, dass Sabine und ihr Mann in Lübeck an der Musikhochschule unterrichten, leben sie nun schon seit vielen Jahren im Norden. Ich habe es sehr bedauert, dass meine Tochter so weit weg gezogen ist, aber damit muss man sich abfinden. Und trotz der großen Entfernung sehen wir uns regelmäßig zu allen Festen. Zu Geburtstagen, zu Weihnachten, zu Ostern kommen alle heim. Damals, als Alma geboren wurde, bin ich gleich zu Sabine gefahren, um sie zu unterstützen, und auch sonst bin ich hingefahren, wenn sie mich brauchte. Ich habe Sabines Kinder erlebt, wenn wir gemeinsam im Urlaub waren, aber um Alma richtig kennenzulernen, dazu waren die Abstände doch zu groß. Wir haben uns ja immer nur mit der ganzen Familie getroffen. Man sieht die Kinder nicht so kontinuierlich groß werden, das ist schade. Jetzt reise ich nicht mehr, und Sabine kommt zwischen ihren Konzerten häufig zu Besuch. Sie wechselt sich mit ihrem Bruder ab, so dass regelmäßig jemand bei mir ist. Sie schauen, ob etwas fehlt, und kaufen ein. Wir drei Schwestern haben im Haus eine Haushaltshilfe, die uns versorgt.

Ich sehe Alma leider selten, aber auf den Bildern erkenne ich Ähnlichkeiten zwischen Sabine und ihr. Vielleicht hat sie ja auch etwas von mir abbekommen. Ich erinnere mich, dass sie, wenn sie zu Besuch war, sich gerne in meiner Werkstatt aufhielt, sich meine Seidenmalereien anschaute, sich für die Porzellanmalerei interessierte und auch gern mit mir malte. Und ich weiß, dass Menschen sie sehr interessieren – so ging es mir auch immer. Unser Haus war ein offenes Haus, eine Anlaufstelle für Menschen, so eine Art Sozialstation, es gab für alle zu essen, und ich hatte immer ein offenes Ohr für alle Kümmernisse, bin auch zu den Alten und Kranken gegangen und habe sie gepflegt. Mein Mann war der Organist der Gemeinde, und an manch einem Sonntag spielte auch Sabine die Orgel. Ich habe den Mädchenkreis, den Jugendclub und später den Seniorenkreis geleitet, so waren wir fest verankert im Dorf. Heute danken es mir die Menschen, kommen mich besuchen, bringen mir kleine Geschenke oder Obst aus ihren Gärten.

Sabine, meine Tochter, und Alma, meine Enkelin, werden einmal das von mir bemalte Porzellan bekommen. So geht es weiter, sie werden an mich denken, und wir bleiben verbunden.

Seit ich Kinder habe, gibt es noch andere Dimensionen neben der Musik.

Das Verhältnis zu meiner Mutter war natürlich und normal – soweit es normal sein konnte; ich war ja von klein auf intensiv mit der Musik beschäftigt.

Mit drei oder vier Jahren habe ich mit Klavierunterricht angefangen, dann mit Geige und danach mit Klarinette. Mein Vater war Musiker, er war die treibende Kraft und – ganz wichtig – mein fünf Jahre älterer Bruder. Er war mein großes Vorbild, und ich wollte unbedingt das Gleiche lernen wie er. Wir verstanden uns gut, und als ich später nach Hannover kam, teilten wir uns sogar eine Wohnung. Dieser enge menschliche Kontakt entstand sicher durch das gemeinsame Musizieren. Seit nun schon dreißig Jahren spielen wir, zusammen mit meinem Mann Reiner, Kammermusik. Wir drei verstehen uns, wir mögen uns und schätzen uns auch künstlerisch sehr.

Die Mutter war durch das intensive Musizieren etwas ausgeschlossen. Vielleicht hat sie darunter gelitten, dass sie wenig Einfluss auf uns nehmen konnte, weil ihre beiden Kinder so sehr mit der Musik und dem Vater verbunden waren. Auf der anderen Seite schuf sie durch das Häusliche, das Zusammenleben mit den Tanten – den Schwestern meiner Mutter – im selben Haus diesen wunderbaren Zusammenhalt. Für mich war das die stabile Basis, zu der ich immer zurückkehren konnte. In der Küche war immer etwas los, es wurde gekocht und gebacken, und das war schön.

Eine große Veränderung vollzog sich in meinem Leben, als ich sehr früh, schon mit dreizehn Jahren, von zu Hause aus- und nach Stuttgart zog, wo ich auf die Waldorfschule gehen konnte. Das war sicher auch für meine Mutter nicht leicht. Sie merkte, dass die Tochter sich immer weiter aus ihrem Einflussbereich herausbewegte und die Zeit fehlte, mir mehr von dem ihr so wichtigen Häuslichen mitzugeben. Ich zog ja deshalb nach Stuttgart, weil dort, direkt neben der Waldorfschule, die Musikhochschule lag. Schon seit ich elf Jahre alt war, war ich zweimal die Woche mit dem Zug nach Stuttgart gefahren, um als Frühstudentin an der Musikhochschule zu studieren. Als ich dann dort wohnte, konnte ich als eine von wenigen neben der Schule ein volles Musikstudium absolvieren. Es war sicher sehr schwer für meine Mutter, mich so früh wegzugeben, aber sie unterstützte es trotzdem ohne Wenn und Aber, was ich heute, da ich selbst Kinder habe, sehr bewundere. Mein Vater und meine Mutter haben mich nie unter Druck gesetzt. Wenn ich bedenke, dass ich neben der Schule viermal in der Woche Unterricht in unterschiedlichen Instrumenten hatte – Klavier, Geige, Klarinette und dann auch noch Orgel – und sonntags in der Kirche die Orgel gespielt habe, klingt das unglaublich. Aber ich habe es nie als Stress empfunden, hatte trotzdem Freizeit, war häufig bei den Pferden und habe die Hunde ausgeführt. Ich empfand meine Kindheit als normal. Niemand zwang mich zum Üben, es gehörte einfach zu meinem Alltag.

Die Oma, wie wir meine Mutter in der Familie nennen, sagte immer: Du hast alles vom Papa. Aber das stimmt gar nicht. Ich bewundere ihre Kreativität, möchte so malen können wie sie. Sie hat unendlich viel Porzellan wunderschön

und hochkünstlerisch bemalt, hat Mode aus früheren Epochen entworfen, genäht und auch selbst vorgeführt. Sie ist sehr kommunikativ und spontan, genau wie, generationenüberschreitend, meine Tochter Alma. Alma hat auch wie die Oma diese warme, offenherzige und liebenswerte Ausstrahlung. Oma verstand sich mit jedem. Die Menschen kamen gerne zu ihr ins Haus, und es gab immer reichlich zu essen, das ist ihr wichtig. Sie ist freigebig, schenkt gerne.

Wir hatten kaum Konflikte. Von meiner Seite fand die Abnabelung ja früh statt. Ich bin einfach aus ihrem Einflussbereich entschwunden, den sie als Mutter sicher gerne noch gehabt hätte. Ich wohnte in Stuttgart bei Verwandten, später bei den Eltern einer Schulfreundin. Es war ein richtiges Zigeunerleben, und ich bin nicht sicher, ob ich das bei meinem Kind zugelassen hätte. Beruflich konnte sie nicht Ratgeberin

sein, das war eher mein Vater. Aber im häuslichen Bereich war sie es immer. Ich rufe heute noch an und frage: Wie macht man Spätzle, wie funktioniert dieser unglaubliche Zwetschgen-Apfel-Kuchen? Und Alma ruft mich an: Wie geht Omas Apfelkuchen?

Als Alma geboren wurde – zuerst war ja ihr Bruder Simon da –, waren mein Mann und besonders ich auf dem Höhepunkt unserer Karriere. Als Simon kam, nicht geplant, machte ich gerade ein Sabbatjahr. Das war wunderbar, ich hatte ganz viel Zeit. Viele Konzerte wurden auf das nächste Jahr verschoben. Und was passierte? Ich wurde wieder schwanger. Alma kam zu einem denkbar ungünstigen Zeitpunkt. Ich habe eine super Konzertagentur, sehr menschlich und rücksichtsvoll, doch Herr Schmied, der Chef der Agentur, fiel aus allen

Wolken, weil durch die erneute Schwangerschaft an die hundert Konzerte abgesagt werden mussten. Glücklicherweise hatte ich sehr einfache Schwangerschaften, ich konnte noch bis sechs Wochen vor Almas Geburt ohne Probleme Konzerte spielen. Wir haben dann alles gemanagt, auch mit

Hilfe der Großeltern beiderseits, die gerne zu uns zum Einhüten kamen. Und wir hatten von Anfang an eine Hauswirtschafterin, zu der die Kinder auch heute noch eine gute Beziehung haben. Unsere Urlaube haben wir meistens mit meinen Eltern verbracht. Das war unglaublich schön. Ob in der Toskana, auf Föhr oder in Dänemark, wo wir ein großes Haus mit Schwimmbad mieteten, immer war die Oma dabei.

Zu Almas Geburt kam meine Mutter sofort, keinen Tag später war sie da. Mit der Mutter in der Nähe war ich gleich viel ausgeglichener und ruhiger mit dem Baby. Es war wichtig und schön für mich, mit den zwei kleinen Kindern nicht alleine zu Hause zu sitzen, besonders, wenn mein Mann unterwegs war. Natürlich ist die Musik mein Lebensinhalt, den ich persönlich für mich brauche. Aber seit ich Kinder habe, gibt es noch andere Dimensionen, etwa, wie wichtig es ist, sich Zeit für sie zu nehmen, und dass Konzertegeben nicht alles ist. Mein Mann und ich müssen organisatorisch an einem Strang ziehen, und wir haben natürlich auch vieles aufgegeben. Seit Alma auf der Welt ist, wollte ich nie länger als zehn Tage von zu Hause weg sein. Wir waren jahrelang zum Unterrichten von Hannover nach Lübeck gefahren, weil die Kinder noch in der Grundschule waren. Wir hatten dieses schöne Haus in der Wedemark bei Hannover und mussten schnell zur Musikhochschule nach Lübeck fahren, unterrichten und sofort wieder zurückfahren, um die Kinder noch zu sehen. Darum entschieden wir uns schließlich zum Umzug nach Lübeck, wieder ein wichtiger Einschnitt in unserem Leben. Besonders Alma hat sehr darunter gelitten. Vielleicht versteht sie es jetzt besser, aber damals war es für sie schwer, unser schönes Zuhause aufzugeben. Wir hatten eines der schönsten Bauernhäuser

der Wedemark, ein Haus aus dem 16. Jahrhundert mit einer großen Diele und
unglaublich weitläufigem Garten und Pferden direkt am Haus. Als Kind schon
wollte ich immer ein Pferd, einen Hund, eine Katze haben. Weil ich selten zu
Hause war, war das zwar nicht möglich, aber ich bin immer zu dem Nachbarn
gegangen, der Pferde hielt. Mein Mann teilt diese Leidenschaft, und sobald wir
die Möglichkeit hatten, haben wir uns Pferde angeschafft.

Jetzt wohnen wir direkt in Lübeck, mitten im Domviertel, und haben zu-
sätzlich ein Bauernhaus in Mecklenburg restauriert, wo die Pferde stehen. Frü-
her ist Alma sehr oft geritten, sie hat den Umgang mit den Tieren, auch die
Verantwortung für sie gelernt. Wir sind auch häufig gemeinsam ausgeritten.
Wir hatten ein Pony, haben alle Nachbarskinder in die Kutsche geladen und
Ausflüge in den Wald gemacht. Alma hatte wirklich eine schöne Kindheit.

Wie meine Mutter so wunderbar das Soziale praktizierte, die Familie zu-
sammenhielt, immer für uns da war, ein stabiles Zuhause schuf, das war vor-
bildhaft für mich. Diese Werte wollte ich auch an meine Kinder weitergeben.
Im Nachhinein sagen wir: Wie schön war es, dass wir morgens zusammen ge-
frühstückt und abends zusammen gekocht und gegessen haben. So hat immer
ein Austausch stattgefunden.

Mit Alma bin ich sehr eng verbunden, wir telefonieren
täglich, und nicht nur einmal. Aber diese Nähe ist auch
wieder schwierig. Ich kann eigentlich loslassen, aber
trotzdem möchte ich kurz Hallo sagen, fragen, wie es ihr
geht. Sie hat beruflich eine schwere Zeit hinter sich. Sie
wollte nach dem Abitur nicht gleich studieren, sondern
absolvierte in einem Fünf-Sterne-Hotel eine Lehre als
Hotelkauffrau. Jetzt ist sie fertig, aber es war eine harte
Zeit für sie, und ich habe mitgelitten. Zum Wintersemes-
ter fängt sie ein Psychologiestudium an.

Generationskonflikte hatte ich mit meiner Mutter
nicht. Als Musikerin habe ich es einfach: Du weißt genau,
was du willst, und bist mit dir und deiner Musik beschäftigt, und ich hatte das Glück, sehr erfolgreich zu sein.
Es war für mich kein Problem, ein Treppchen höher als
meine Eltern zu steigen. Für Alma ist es viel schwieriger.

     SABINE MEYER

Sie steht unter dem Druck, auch so erfolgreich wie ihre Eltern sein zu wollen. Ich bin heilfroh, dass sie keine Musikerin ist. Sie ist so eine unglaublich tolle Person; neben vielen anderen Vorzügen liebt sie das Kreative. Das hat sie wohl von der Oma. Sie schreibt Gedichte, sehr tiefgründig. Aber sie war immer das süße, kleine Mädchen, und jetzt muss sie sich behaupten, das ist wirklich schwer. Sie will Erfolge, die nachweisbar sind. Die inneren Werte, die so wichtig und das Schönste

sind, was einen Menschen ausmacht, die schätzt sie an sich nicht genügend.

Wir kommen jedes Jahr zu Familienanlässen, zu Weihnachten, Ostern, Geburtstagen, alle zusammen. Der 5. März zum Beispiel, Omas Geburtstag, wird im Kalender immer freigehalten. Auch die Kinder kommen gerne zu Oma, sie ist für alle die Anlaufstation. Eines der schönsten Geschenke für Oma war ein Konzert in der Kirche zu ihrem Geburtstag vor fünfundzwanzig Jahren. Dafür haben mein Mann, mein Bruder und ich damals das Trio gegründet. Mit drei Bassetthörnern haben wir Mozarts Divertimenti wieder ins Leben gerufen, die Divertimenti, die sonst nie mit diesen drei ungewöhnlichen Instrumenten gespielt werden, die Mozart dafür vorgesehen hat.

Ja, wenn ich so darüber nachdenke, fühle ich mich eingebunden in die Generationenkette. Die Mutter meiner Mutter, die Bäckersfrau, habe ich noch ein bisschen in Erinnerung. Sie lebte unten im Haus, als ich klein war. Und Alma redet heute schon vom Kinderkriegen und Familiegründen. Ich habe nichts dagegen, ich finde das wunderbar.

Ich bin stolz, die Tochter meiner Mutter
und die Enkelin meiner Oma zu sein.

ALMA WEHLE

Geborgenheit ist das wichtigste Gefühl meiner Kindheit. Meine Mutter war sehr viel unterwegs, aber wenn sie zu Hause war, war sie für uns da, voller Liebe und Aufmerksamkeit. Sie nahm mich sehr oft in den Arm, und ich spürte ihre große Wärme und Intensität. Ich merkte, dass es ihr das Wichtigste war, die Zeit, die sie zu Hause war, mit uns auszuschöpfen, und dass es für sie wohl schwer war, nicht immer bei uns sein zu können. Aber wir waren nie alleine, wir hatten unsere Haushälterin Rita, die für uns da war und sich um uns kümmerte. Und Reiner, mein Vater, verbrachte auch viel Zeit zu Hause. Wir fühlten uns nie alleingelassen, ganz im Gegenteil.

Dass meine Mutter berühmt ist, war mir nicht wirklich bewusst. Wenn man damit aufwächst, ist es nichts Besonderes. Und sie selbst geht sehr normal damit um. Wir waren natürlich privilegiert, weil wir häufig mitreisten und dadurch den Trubel auch erleben und viel sehen konnten. Aber es war für uns selbstverständlich, wir waren und sind eine Familie wie jede andere. Ich bin sehr dankbar, dass ich mit der Musik groß geworden bin, das ist ein großer Reichtum. Ich kann die Art, wie meine Mutter spielt, sehr nachempfinden und erlebe sie als Künstlerin in ihrer Musik genauso, wie ich sie als Privatperson kenne. Und wenn ich Radio höre, weiß ich genau, ob Mama spielt oder jemand anderer. Wir haben oft gemeinsam musiziert, meine Mutter und ich haben zum Beispiel vierhändig Klavier gespielt. Angefangen habe ich mit Fagottspielen und dann noch Klavier gelernt. Aber Musikerin wollte ich nie werden. Ich wollte immer meinen eigenen Weg gehen und mich nicht mit meiner Mutter vergleichen müssen. Ich wollte auch nicht das Leben, das mir vorgelebt wurde, weiterleben, sondern etwas Eigenes schaffen, selber kreativ sein. Aber die Energie, wie meine Mutter sie für die Musik aufbringt, der Wille, sich für etwas einzusetzen, ist bei mir genauso ausgeprägt. So, wie sie die Leidenschaft für Musik hat, habe ich die große Leidenschaft, mich mit Menschen zu befassen.

Meine Mutter ist willensstark, sie hat ihre Ziele klar vor Augen und ist sehr ehrgeizig. Sie ist mit ihrer Musik und ihrer Kunst schwer zufriedenzustellen, aber das ist das, was sie vorangetrieben hat. Sonst wäre sie nie so gut geworden. Sie neigt zum Perfektionismus, aber er ist auch ihre Stärke. Eine gewisse Unzufriedenheit mit manchen Dingen kenne ich auch, da bin ich meiner Mama sehr ähnlich. Wir sind beide sehr ungeduldige und unruhige Gemüter. Wir streben immer danach, besser zu werden, und sind selten zufrieden. Dieser Ehrgeiz ist

einerseits gut, andererseits aber auch schwer. Er kann auch dazu
führen, dass man wirklich unglücklich ist, wenn die Dinge nicht
so sind, wie man sie gerne hätte. Da muss man manchmal den
Frieden mit sich finden.

Was ich von ihr bewusst übernehmen will, ist der Sinn für die Kunst und
für Schönes. Meine Mutter legt sehr viel Wert auf Stil und Geschmack, zum
Beispiel, wie sie sich kleidet und die Wohnung einrichtet. Ich bin dankbar, dass
ich eine Mutter habe, die mir so etwas geben kann und die mich in dieser Weise
geprägt hat, darin ist sie wirklich ein Vorbild für mich. Was ich kritisch sehe,
ist dieser hohe Anspruch, sich selbst, aber auch anderen zu genügen. Was andere von ihr denken, ist ihr total wichtig; als Musikerin, Künstlerin lebt man
von der Meinung anderer. Aber so bin ich auch. Ich würde gerne etwas freier,
etwas gelassener sein nach dem Motto: So lebe ich mein Leben, so denke ich, so
bin ich, und es ist egal, was andere von mir wollen und erwarten. Aber das bin
ich nicht. Das habe ich wohl von Mama, vielleicht kann ich mich davon lösen,
wenn ich älter werde. Die Schwierigkeit ist, dass man sich vergleicht, jedenfalls
im privaten Bereich, gerade wenn man sich im Charakter und auch im Äußeren
so ähnlich ist. Im Beruflichen bin ich ganz ohne Konkurrenzgefühle. Ich bin
stolz auf meine Mutter, finde ihren Erfolg toll. Aber dennoch fragt man sich als
Tochter immer: Was bin ich im Vergleich zu ihr eigentlich?

   ALMA WEHLE

Meine Mutter war nie kontinuierlich anwesend. Dadurch war unser Verhältnis früher, als ich in der Pubertät war, gar nicht so eng. Wenn ich Probleme hatte, ging ich zu meinen Freundinnen, nicht zu meiner Mama. Die häuslichen Grundlagen, wie man backt oder wie man kocht, brachte mir unsere Haushälterin bei. Diese Dinge hat meine Mutter nicht miterlebt. Erst seit ich nach meinem Abitur ausgezogen bin, haben wir mehr miteinander geredet, und jetzt stehen wir uns sehr, sehr nahe. Die Ausbildung in der Hotellerie war sehr hart, da stand sie immer hinter mir. Wenn ich Rat suche, gehe ich heute zu ihr.

Meine Oma empfinde ich als eine vornehme Frau. Sie ist sehr tugendhaft und hat feste Werte, nach denen sie sich streng richtet. Das mag ich an ihr. Obwohl sie durch den Krieg schwere Zeiten erlebt hat, schöpfte sie aus dem Leben immer das Schöne – mit ihrer Malerei, ihren Seidentüchern und der Mode. Das finde ich bewundernswert. Sie verkörpert wirklich eine andere Generation. Diese Werte, nach denen zu leben man sich vornimmt, kennen viele in meiner Generation gar nicht mehr. Sie ist sehr religiös und war immer für andere da, hat geholfen, wo es notwendig war. Sie ist gastfreundlich und warmherzig und möchte, dass es allen gutgeht. Ich erinnere mich, dass ich, wenn wir zu ihr kamen, dieses Gefühl von Wärme hatte – und es gab immer richtig gutes Essen. Man ist willkommen. Anderen gegenüber ist sie sehr großzügig, für sich selbst eher bescheiden. Das ist mir schon als Kind aufgefallen.

Wir waren im Sommerurlaub zusammen auf Föhr, auch in Dänemark und in der Schweiz, da war die Oma immer dabei. Ich kann mich daran erinnern, dass sie mich oft auf dem Arm hatte oder an der Hand führte, wenn wir spazieren gingen. Sie war nie besonders streng zu uns, aber ihre Art hat sicher auf mich gewirkt, weil ich mir viele Gedanken über Tugend und über Werte mache und es wichtig finde, wenn jemand sie hinterfragt und danach leben möchte. In dem Sinne ist sie mir ein Vorbild. Da sehe ich sie als Persönlichkeit, die viel im Leben durchgemacht hat und trotzdem stark und konsequent gelebt hat. Sie ist mir auch Vorbild im Künstlerischen. Sie hat die Seiden- und die Porzellanmalerei für sich entdeckt. Sie wusste, was sie konnte, und hat wunderbare Dinge geschaffen. Das finde ich sehr beeindruckend. Wenn wir als Kinder bei ihr

   ALMA WEHLE

waren, haben wir oft zusammen gemalt. Sie hat eine Werkstatt mit vielen Farben und ganz vielen Seidentüchern. Und zu Ostern mit Oma Ostereier anzumalen hat immer viel Spaß gemacht.

Oma ist auch sehr streng mit sich, genau wie meine Mutter und ich. Sie denkt sehr sozial. Sie hat viel für die Gesellschaft getan, aber sie wollte auch, dass die anderen sie dafür akzeptierten und mochten. Was andere von ihr denken, das ist ihr ganz wichtig. Das zieht sich durch die Generationen von ihr über meine Mutter zu mir. Ich bin jetzt zweiundzwanzig Jahre alt, und in diesen zweiundzwanzig Jahren war Oma für mich da. Sie ist eine wichtige Person in meinem Leben, gehört zu meiner Familie. Wir telefonieren nicht jeden Tag, aber ich denke viel an sie. Auch deswegen, weil ich Charakterzüge von ihr an mir entdecke.

Jetzt, mit ihren einundneunzig Jahren, lässt ihre Konzentration im Gespräch etwas nach. Oma hat ein stolzes Alter erreicht. Ich kann mir nicht vorstellen, wie es sein wird, wenn sie nicht mehr da ist. Aber ich versuche mich darauf einzustellen. Ich betrachte diesen Tod wohl ein bisschen rationaler als meine Mutter. Mama kümmert sich sehr um Oma. Da stehe ich ein bisschen im Konflikt mit ihr, weil sie aus Pflichtgefühl den großen Stress auf sich nimmt, wenn sie wegen ihrer Konzerte unterwegs ist, regelmäßig zu ihr zu fahren, ein- bis zweimal im Monat, im Wechsel mit ihrem Bruder. Meine Oma erwartet wohl auch, dass die Kinder sich im Alter um sie kümmern. Und Mama wäre nicht glücklich, wenn sie es nicht tun würde.

Ich sehe mich definitiv als Glied in einer Generationenkette. Ich möchte von meiner Oma und meiner Mutter für mich persönlich etwas mitnehmen und das weitergeben an meine Kinder. Das Kreative, Künstlerische, auch die Sensibilität für manche Sachen sind Eigenschaften, die nie aussterben sollten. Sie geben mir das Gefühl, zugehörig zu sein. Ich bin stolz, die Tochter meiner Mutter und die Enkelin meiner Oma zu sein, und fühle mich als Glied dieser Generationenkette.

ANGELICA TENNSTEDT

MARGARITA BERTRAM

VERA LIMACHER

MARGARITA BERTRAM

Jahrgang 1926,
Schauspielerin

Mausi, der Lack ist ab!

Angelica ist meine erste Tochter. Sie ist 1949 geboren, der Krieg war gerade erst seit vier Jahren zu Ende. Nach Kriegsende arbeiteten mein erster Mann und ich als junge Schauspieler an einer kleinen Bühne in Süddeutschland. Da kam 1948 die Währungsreform, jeder bekam nur vierzig Deutsche Mark. In dieser Situation konnten sich die kleinen Bühnen, die sich nach dem Krieg etabliert hatten, wie die Junge Bühne Schwaben oder die Bodenseebühne Überlingen, nicht mehr halten, und wir mussten sehen, wie und wo wir unterkamen. Zuerst waren wir bei den Eltern meines Mannes in Karlsruhe, dann konnten wir bei meinen Eltern in Hamburg wohnen. Ich war hochschwanger, und wir schliefen in meinem alten Kinderzimmer. In diese Situation hinein ist Angelica geboren worden, zusammen mit dem Grundgesetz am 23. Mai 1949. Es war für alle eine schwierige Zeit, aber wir waren jung und haben es nicht so empfunden. Für meine Eltern war es viel schwerer. Mein Vater war gerade aus der Kriegsgefangenschaft zurück, und plötzlich lebten zwei (und dann drei) Personen mehr im Haushalt. Meine Mutter musste öfter ihren Schrank öffnen und versuchen, hübsche Kleidungsstücke gegen Lebensmittel einzutauschen.

Ab dem Moment, als Angelica geboren war, wollte ich nicht mehr Theater spielen. Durch einen gemeinsamen Freund, Bertram, der später mein zweiter Mann wurde, kam Angelicas Vater dann zu Gmelin an das Theater im Zimmer. Wir lebten von einem ganz kleinen Salär und der Unterstützung meiner Eltern. Obwohl ich bis dahin nicht der mütterliche Typ gewesen war, war ich dann ganz mit der Kinderaufzucht beschäftigt. Nach ein paar Jahren wurden wir geschieden, und ich fing als freie Mitarbeiterin in der Hörerforschung des

NDR an. Das war mein großes Glück, weil ich dort später gut wieder hinein-
rutschen konnte. Ich war nur anderthalb Jahre geschieden, dann kam Bertram
aus Luzern, auch er war gerade geschieden worden – wir hatten beide sehr jung
geheiratet – und sagte von heute auf morgen: Weißt du, ihr kommt mit zu mir,
und wir heiraten. Ich hatte große Bedenken, wir waren beide eigenwillig, und
jeder hatte gerade eine Ehe hinter sich. Aber er malte mir die Zukunft in rosi-
gen Farben aus, und ich wünschte mir Sicherheit. Also entschied ich mich, mit
Angelica nach Luzern zu ziehen, und dort habe ich das zweite Mal geheiratet
und meine zweite Tochter bekommen. Nach einiger Zeit gingen wir wieder
nach Hamburg zurück. Angelie (wie wir Angelica nannten) wohnte, bis ich
eine Wohnung gefunden hatte, bei meiner Mutter in Winterhude, wo sie auch
eingeschult wurde. Wir fanden eine Wohnung mit einem großen Zimmer für
Bertram und mich und einem halben mit hohen Decken für die Kinder.

Angelica war ein hübsches Kind, putzig, sehr selbstständig und agil – und
immer neugierig. Wir nannten sie die »Sensationspaula«. Wo etwas los war,

musste sie dabei sein. Als sie älter wurde, hatte sie viele Verehrer, aber das interessierte sie nicht. Wichtig war ihr, immer unterwegs zu sein. Diese Agilität und Freude am gesellschaftlichen Leben hat sie heute noch.

Zielstrebig suchte sie sich ihren Mann und heiratete, so wie ich, jung. Das geschah wohl aus der Situation heraus, weil sie wieder eine Scheidung hatte miterleben müssen. Bertram hatte mich eines Tages mit dem Satz: Mausi, der Lack ist ab! konfrontiert. Wir hatten ein sehr schönes Leben mit ihm geführt und wohnten in einer herrlichen Wohnung. Er hatte eines Tages ein Büro für Grafik eröffnet und fing in den besten Jahren mit einer kleinen Werbeagentur an. Die entwickelte sich fabelhaft. Das war dann alles vorbei für uns, und ich musste wieder berufstätig sein. Durch meine früheren Kontakte kam ich zum NDR zurück, und nach einigen Jahren übernahm ich die Leitung der Programmredaktion.

Für Angelicas Kinder hatte ich, als sie klein waren, daher nicht viel Zeit. Sie hat mir vorgeworfen: Du hast dich um meine Kinder nicht gut gekümmert. Das gab häufig Anlass zu Streitigkeiten. Aber ich war beruflich sehr eingespannt, hatte Freunde und Freundinnen und führte ein ganz anderes Leben. Das gefiel mir, und ich vermisste meine Enkelinnen nicht. Das führte zeitweilig zu heftigen Auseinandersetzungen. Ich habe dann überhaupt nichts mehr von mir hören lassen, fertig aus. Ich bin erstaunt und beglückt, dass Angelicas Töchter mir heute mit einer so treuherzigen Anhänglichkeit und Liebe begegnen.

Vera fühle ich mich besonders nah. Sie hat meine Nähe auch sehr gesucht. Mit Veras Mann war es eine ganz besondere Sache. Ich spürte, dass das Zusammentreffen dieser beiden Menschen etwas ganz Besonderes war. Vera hatte vorher eine Beziehung, in der sie ganz treu war, aber ich dachte immer, das passt nicht so ganz. Und als sie mit ihrem Mann bei mir auftauchte, hat es mich richtig umgehauen. Er zeigte auch mir gegenüber eine große Offenheit und Zutraulichkeit. Dieses Zusammentreffen mit dem jungen Paar war für mich eine große Freude. Meine engere Verbindung mit Vera begann schon, als sie nach dem Studium für fünf Jahre in Spanien lebte. Ich finde es einfach entzückend, dass sie nicht nachtragend ist. Früher, als sie zwölf, dreizehn war, habe ich sie oft ermahnt: Also Vera, du kannst doch mal mit abdecken. Die Mädels sind ein bisschen verwöhnt. Dass sie das nie krummgenommen hat und mir gegenüber jetzt so eine Treuherzigkeit zeigt, das freut mich. Ein Mutter-Tochter-Verhältnis ist immer schwieriger. Mit der Großmutter können sie viel offener sein. Es ist natürlich auch amüsant – sie können dann mal ordentlich Dampf ablassen und loswerden, wie doof irgendetwas war.

Der Unterschied zu meiner Generation ist gewaltig. Schon Angelie ging es gut, sie konnte studieren, und die Enkelinnen haben wirklich alles, sie sind verwöhnt. Aber bei Vera kann ich sehen, was sie jetzt leistet. Wie sie diese schwierige Situation mit einem Mann, der in einer führenden Position ist und vier Kinder mit in die Ehe gebracht hat, meistert. Sich auf vier nette kleine Kinder einzulassen, das hätte ich nie geschafft. Das bewundere ich sehr. Vera hat viel von ihrem Vater, zum Beispiel die Fähigkeit, etwas mit Akribie zu durchdringen. Wenn sie am Klavier ein Werk einstudiert, wird das exakt gemacht. Das hat sie sicher nicht von mir. Angelie und ich haben es gerne flott, und mir fehlt die Besessenheit, wie Vera sie aufbringt. Aber ich will mich nicht schlechter machen, als ich bin. Wenn ich etwas tun muss, ziehe ich es auch durch. Sonst hätte ich heute nicht meine gute Pension und dadurch ein bequemes Leben.

Wie mein Leben weitergeht? Das ist ein schwieriges Thema. Ich möchte meinen Kindern nicht zumuten, mich zu pflegen. Ich habe mich deswegen in einem Heim angemeldet. Ich habe seit kurzem etwas am Herzen. Das kannte ich vorher überhaupt nicht, das hat mich etwas aufgeschreckt. Ich kann mich nicht mehr so auf mich verlassen, wie ich es gewohnt war. Saudoof! Aber: C'est la vie. Alle kriegen irgendetwas. Ich habe immer gedacht: Du schleichst dich daran vorbei. Nein, es geht nicht anders, es ist so. Das zu kapieren ist nicht ganz einfach. Ich mache Angelica gegenüber Andeutungen. Wenn ich ganz ehrlich bin, ist es mir richtig unangenehm, zu sagen, dass mir etwas zu viel wird. An manchen Tagen schaffe ich einiges nicht. Und morgen geht es wieder und übermorgen vielleicht auch. Aber jetzt haben es auch Angelie und Vera verstanden und umsorgen mich auf ganz treue oder besser: diskrete Weise, besonders Angelie. Sie ist doch wohl sehr erschrocken.

Wenn ich so die Generationen Frauen vor mir sehe – meine Mutter, die neunzig Jahre alt wurde, ich, Angelica, Vera –, da fühle ich mich sehr dazugehörig.

ANGELICA TENNSTEDT

Jahrgang 1949,
Lehrerin

Heute kann ich sagen, sie ist, wie sie ist.

Wir lebten Tür an Tür mit meiner Großmutter. Mit ihr verbinde ich mehr frühkindliche Erinnerungen als mit meiner Mutter, die bei meiner Geburt sehr jung war, wie mein Vater auch. Wir hatten zu Hause ein Klavier, das mich faszinierte, und einen kleinen Foxterrier, den ich durch die Gitterstäbe meines Kinderbettes zerrte – es gibt nur wenige Bilder, die mich an diese Zeit erinnern. Gemütliches Essen am Küchentisch, Murmelspiele auf dem Fußboden, Ausflüge in den Stadtpark, all das erlebte ich mit meiner Großmutter, die bei meiner Geburt erst achtundvierzig war und zu der ich immer ein sehr inniges Verhältnis hatte.

Meine Eltern trennten sich früh. Als ich vier Jahre alt war, zogen wir in die Schweiz, wo meine Mutter zum zweiten Mal heiratete. Mein Adoptivvater nahm mich liebevoll auf, meine Mutter hatte viel Zeit für mich. Ich hatte ein schönes Zuhause, was mir sicher über Schwierigkeiten in dieser Zeit hinweghalf: die Trennung von meiner Großmutter, ein neuer Vater, die Geburt meiner Schwester und die neue Umgebung und Sprache. Als ich zur Schule kam, kehrten wir nach Hamburg zurück. Mein Vater war Bühnenbildner, später hatte er eine Werbeagentur, und unser Familienalltag war unkonventioneller als der meiner Freundinnen. Häufig kamen Kunden oder Freunde zu Besuch. Es war ein sehr lebhafter Haushalt, in dem ich stets viel Freiheit hatte.

In der Pubertät wurde ich Mitglied einer Freikirche und war zwei Jahre lang sehr gläubig, hatte Pläne, als Missionarin nach Afrika zu gehen, hätte gern ein Tischgebet gesprochen, was meine Eltern sehr abwegig fanden. So überzeugt mein jugendlicher Glaube war, so entschieden führten dann Zweifel und Skepsis dazu, dass ich bis heute allen Religionen und Dogmen äußerst kritisch gegenüberstehe.

Wenn meine Eltern mich in dieser Phase auch nicht verstanden, so ließen sie mich doch meine eigenen Wege gehen. Sie hatten viele Probleme mit sich selbst und trennten sich, als ich bereits studierte. Ich blieb damals allein mit meiner Mutter zurück, da meine Schwester mit unserem Vater ausgezogen war. Die Zeit war sehr dramatisch und schwierig, und ich hatte heftige Auseinandersetzungen mit meiner Mutter. Auch in dieser Phase war mir meine Großmutter eine treue Ratgeberin, eine liebevolle, heitere, zuverlässige Bezugsperson. Mit meiner Mutter gab es ab und zu Meinungsverschiedenheiten, die zu solchem Streit führten, dass wir auch schon mal über lange Zeit nicht miteinander sprachen. Für die Emanzipationsbewegung in den sechziger, siebziger Jahren hatte sie zunächst wenig Verständnis. Erst als geschiedene, allein lebende Frau hat sie die Erfahrung gemacht, wie wichtig und befriedigend eine Berufstätigkeit ist. Viele völlig unterschiedliche Erfahrungen haben

meine Mutter geformt. Heute kann ich sagen, sie ist, wie sie ist. Sie führt sehr selbstbewusst ein selbstständiges, unabhängiges Leben. Man kann wunderbare Gespräche mit ihr führen. Sie hat sehr unterschiedliche Facetten, ist vielseitig interessiert, eine gute Beobachterin und Zuhörerin. Wir sind uns der begrenzten Zeit bewusst, die zum Austausch bleibt, und akzeptieren uns so, wie wir sind. Meine Mutter hat mit viel Natürlichkeit, Humor und schauspielerischem Talent die Rolle als Frau für sich erfüllend gelebt. Darin ist sie für mich in vielem ein Vorbild.

Ich habe früh geheiratet und gemeinsam mit meinem Mann die Möglichkeit genutzt, in verschiedenen Städten zu leben und zu arbeiten. Meine zweite Tochter, Vera, wurde geboren, als wir nach zehn Jahren des Umherziehens nach Hamburg zurückgingen, eine Arztpraxis eröffneten und ich ein Zusatzstudium Deutsch für Ausländer machte. Meine Mutter war damals wieder berufstätig und hatte wenig Zeit und Interesse, sich als Großmutter zu engagieren.

   ANGELICA TENNSTEDT

Zu Vera habe ich ein sehr herzliches Verhältnis. Von meinen drei Töchtern war sie die stillste. Schon als Kind saß sie gerne stundenlang am Schreibtisch, malte, bastelte, später wurde akribisch Tagebuch geführt. Wir mussten aufpassen, dass sie als die Mittlere nicht zu kurz kam. Sie war sehr anhänglich und liebte die Vertrautheit des Bekannten. Das änderte sich mit dem Erwachsenwerden. Nach Abschluss eines Modedesignstudiums und nachdem eine langjährige Beziehung in die Brüche gegangen war, lebte sie fünf Jahre in Barcelona. Auch über die Distanz haben wir den Kontakt nie verloren und viel telefoniert. Es ist mir sehr wichtig, keinen so schwerwiegenden Disput mit meinen Kindern zu haben, dass ich nicht mehr mit ihnen spreche. Wir haben Konflikte, es gibt Auseinandersetzungen, auch mal Tränen, aber es ist uns wichtig, im Kontakt zu bleiben.

Heute ist Vera eine selbstbewusste verheiratete Frau, die weiß, was sie will, und im Rahmen ihrer Möglichkeiten ihr Leben in der Schweiz sehr eigenwillig gestaltet. Sie ist glücklich, sich jetzt intensiv ihrer Leidenschaft, der Musik, widmen zu können. Sie ist sehr musikalisch, spielt wunderbar Klavier, lernt Geige und beschäftigt sich mit musiktheoretischen Fragen. Aus eigenem Antrieb und ohne äußeren Druck kann sie sich sehr konzentriert mit Dingen auseinandersetzen, was ich bewundere, was mir aber auch fremd ist, da mein Handeln meist in einen sozialen Kontext eingebunden ist.

Was uns über die Generationen verbindet? Ein familiäres Zusammenleben, das bis heute dominant weiblich ist, geprägt von spanischen Wurzeln und gemeinsamen Interessen. Seit drei Generationen wurden in unserer Familie nur Mädchen geboren. Meine Großmutter wuchs im Haushalt ihrer spanischen Großmutter auf, die auch meine Mutter geprägt hat. Schon als Kind faszinierten mich die bunten Familienerzählungen und motivierten mich, Spanisch zu lernen. Seit dreißig Jahren verbringe ich fast jedes Jahr drei Monate in Spanien, und auch meine Töchter haben die Sprache gelernt. Wir teilen die Freude an der sogenannten südlichen Lebensart, die sich bei uns darin äußert, Zusammentreffen schön zu gestalten und sich lebhaft zu unterhalten, was durchaus sehr kontrovers sein kann.

Jahrgang 1979,
Modedesignerin

VERA LIMACHER

Inzwischen grenze ich mich ein bisschen ab.

Woran ich mich als Erstes erinnere, wenn ich an meine Kindheit denke, ist der Duft meiner Mutter. Ich brauchte viel Körperkontakt, immer ihren Körper in meiner Nähe – dieses Weiche von der Mama. Ich war wohl sehr anhänglich und saß gerne bei ihr auf dem Schoß. Sie war immer präsent, hat alles mitgestaltet. Mein Vater hielt sich als selbstständiger Augenarzt viel in seiner Praxis auf. Mit ihm bin ich am Wochenende in Museen gegangen oder habe gezeichnet. Mit der Mutter war Alltag, es gab auch Konflikte, Erziehungsstreit, eben alles. In der Pubertät habe ich versucht, meine eigenen Wege zu gehen und nicht alles zu Hause auszutragen. Ich verbrachte viel Zeit mit meinen Freundinnen. Wir vertrauten uns Dinge an, die ich mit der Mutter nicht teilen wollte. Ich bin die mittlere von drei Schwestern, und meine beiden Schwestern waren in der Pubertät recht rebellisch. Da flogen manchmal die Fetzen, weil sie die Grenzen, die meine Mutter setzte, nicht akzeptieren wollten. Ich versuchte mich zu Hause eher anzupassen, ging meiner Wege, unternahm aber auch mal heimlich etwas.

Nach dem Abitur zog ich ziemlich bald von zu Hause aus. Ich wollte nicht mehr nach den Vorschriften leben, die dort galten. Alles war sehr strukturiert, und für mich galt, dass man sich daran halten musste. Auch war bei uns in der Familie die Gemeinschaft sehr wichtig – dass man sich viel austauschte, viel zusammensaß. Heute schätze ich dieses rege Interesse aneinander, aber gerade in dem Alter, mit achtzehn, neunzehn, möchte man nicht immer alles erzählen und austauschen. Ist meine Mutter mir ein Vorbild? Das ist ein bisschen ambivalent, weil sie eine sehr dominante Person ist, was ich teilweise ablehne, teilweise aber auch annehme. Von ihr habe ich zum Beispiel gelernt, zu entscheiden und zu sagen, wo es langgeht. Sie ist eine starke Frau, repräsentiert das auch. Sie setzt ihre Meinung gerne und gut durch, und das hat mich manchmal gestört, wenn ich das Gefühl hatte, es geht ein bisschen über mich hinweg. Was ich auch übernommen habe, ist die Freude am Kochen und am Zelebrieren von Mahlzeiten: alles hübsch zu decken und zu dekorieren. Das kenne ich sowohl von meiner Mutter als auch von Oma Titi. Ich dachte immer, das ist ganz normal. Aber in anderen Familien ist es nicht so.

Jetzt komme ich nicht mehr so häufig nach Hamburg. Ich bin in Zürich verheiratet, und mein Mann hat vier Kinder, die regelmäßig zu uns kommen. Die Rolle der Stiefmutter nehme ich sehr ernst und sehe die Kinder als große Bereicherung meines Lebens an. Wir haben ein inniges und vertrautes Verhältnis zueinander. Diese Veränderung in meinem Leben anzunehmen fiel mir nicht schwer. Ich habe in Barcelona fast fünf Jahre mit Kindern gearbeitet und war schon mit dreizehn Babysitter.

Meine Mutter ist sehr unternehmungslustig und aktiv. Sie ist ein Mensch, der Abwechslung liebt. Das habe ich als Kind bewundert, weil sie einen großen Freundeskreis hat und immer offen dafür ist, neue Menschen kennenzulernen und zu reisen. Das fand ich toll. Bei anderen Familien erlebte ich einen ganz anderen Alltagstrott. Sie war ein bisschen hippiemäßig und hat sich durch Kinder oder Beruf nichts nehmen lassen. Früher war ihre Art Vorbild für mich, inzwischen grenze ich mich ein wenig davon ab. Ich bin eher häuslich, hege nicht so viele, dafür aber sehr enge Freundschaften. Mir sind meine Beziehungen sehr wichtig, mein Partner, die Kinder, auch meine Familie. Viel Abwechslung brauche ich nicht, weil ich sehr in der Musik aufgehe. Ich kann viele Stunden alleine musizieren, Klavier spielen, auch Geige, einfach nur in meinem Musikzimmer sein oder lesen. Vom Vorbild meiner Mutter habe ich mich gelöst. Ich habe erkannt, dass ich vom Temperament her anders bin als sie. Ich bin eher harmoniebedürftig und brauche mehr Ruhe. Wenn ich mit Freunden und der Familie lange Gespräche führe, brauche ich danach wieder Zeit für mich. Als ich in Spanien lebte, habe ich Yoga gemacht, meditiert und diesen Weg für mich gefunden. Es gibt aber auch vieles, das ich an meiner Mutter bewundere. Sie unterrichtet Deutsch für Ausländer. Das habe ich in Barcelona auch gemacht. Dabei habe ich ihr Lehrmaterial benutzt. Früher kamen ihre Spanischschüler zu uns nach Hause. Das fand ich immer gut.

Was mich besonders mit meiner Mutter, aber auch mit meiner Großmutter verbindet, ist das Interesse an Spanien. Meine mütterlichen Vorfahren waren Spanier. In der Zeit, als ich in Barcelona war, habe ich oft an Oma gedacht. Ich hatte vorher lange einen festen Partner, und dann, mit dreiundzwanzig, fühlte ich mich frei. Ich begann als Single, viel auszuprobieren. Es waren gewissermaßen meine wilden Jahre. Da war mir meine Oma ein Vorbild, weil sie zweimal geschieden ist und dann einen Partner hatte (ihre eigene Wohnung aber behielt sie), von dem sie sich vor ein paar Jahren wieder getrennt hat. Dieses Selbstständige und Sich-nicht-abhängig-Machen von einem Mann fand ich sehr vorbildlich und auch atypisch für eine Großmutter. Sie hat mir auch immer gerne von den Erfahrungen und Erlebnissen mit ihren Männern erzählt. Sie kann als alleinstehende Person gut für sich sorgen. Sie ist sehr kultiviert, darin war sie für mich auch ein Vorbild. Sie ging mit mir in die Oper, als ich sechzehn war, und wir konnten über Künstler und Ausstellungen sprechen. Oma war Schauspielerin und hat beim Radio, beim NDR, gearbeitet. Mir gefällt auch ihr Humor. Sie kann sehr lustig sein und Lebensfreude ausstrahlen. Ich erinnere mich, dass es immer so gemütlich war, wenn ich bei ihr zu Besuch war. Es war so ruhig und entspannt. Eine warme Decke, ein bisschen fernsehen und etwas Leckeres essen. Das war schön und gab mir ein Gefühl von Geborgenheit.

Unser Verhältnis hat sich in den letzten Jahren noch vertieft. Eigentlich seit ich in Barcelona war. Da haben wir sehr intensive Telefonate geführt. Und jetzt speziell durch die Ehe mit meinem Mann. Jakob und meine Oma mochten sich auf Anhieb. Sie meinte, es sei so etwas wie Liebe auf den ersten Blick gewesen. Sie verstehen sich sehr gut und lachen immer herzhaft, wenn sie zusammen sind. Meine Oma schwelgt dann in Erinnerungen, weil sie mit ihrem zweiten Mann ja auch in der Schweiz gelebt hat. Er arbeitete am Theater in Luzern als Bühnenbildner, und sie brachte ihre zweite Tochter Christiane dort zur Welt. Später wurde diese Ehe geschieden, aber damals waren sie frisch verheiratet. Sie findet es toll, dass ich als ihre Enkelin auch in der Schweiz geheiratet habe. Wir haben dieses Jahr zu dritt Silvester gefeiert. Ich wollte das explizit.

Sie war bislang sehr aktiv, ist auch zu uns in die Schweiz gekommen. Aber seit dem letzten Sommer hat sie gesundheitlich etwas abgebaut. Darüber spricht sie nicht gerne, aber ich mache mir Sorgen um sie. Ich weiß, dass sie zurzeit nicht nach Zürich kommen kann, und deshalb reise ich nach Hamburg, speziell um mit ihr zusammen zu sein. Gestern fand sie noch alles zu viel, und heute genießt sie es dann doch. Sie ist eben auch launisch. Ich weiß, ich kann Oma nicht richtig beschützen, weil sie das nicht will. Auch meine Mutter würde sie gerne mehr unterstützen. Aber das möchte sie nicht, weil sie immer emanzipiert und selbstständig sein will. Und egal, wie alt sie ist, sie möchte ihr Leben als eigenständige Person fortführen. Ich denke auch daran, dass sie sterben wird, und habe deshalb Telefonate mit ihr aufgenommen, um später

ihre Stimme hören zu können. Meine Mutter hat mit ihrer Oma eine Kassette mit Geschichten über ihre Familie und ihr Leben aufgenommen. So etwas würde ich gern mit meiner Oma tun. Ich habe in der letzten Zeit auch häufiger Fotos gemacht. Man wünscht sich, dass es nie so weit kommt, aber man muss sich damit auseinandersetzen, weil der Tod ab einem gewissen Alter natürlich ist.

Ich sehe mich sehr als Glied in der Generationenkette, gerade, weil ich schon länger im Ausland lebe. Wenn ich wieder hier bin und meine Oma oder meine Mutter sprechen höre, dann erkenne ich mich manchmal selber darin wieder, auch bestimmte Floskeln, die man so dahinsagt. Dann weiß ich, dass es immer weitergeht.

ROSMARIE BOGGIA-BISCHOFBERGER

LINA BISCHOFBERGER

ALESSANDRA BEFFA-BOGGIA

*Erst wenn man alleine ist, schaut man
zurück und zehrt von diesen Momenten.*

Mein Mann übte den Beruf des Handmaschinenstickers
aus, als wir heirateten. Sie waren neun Kinder in seiner
Familie, sechs Söhne und drei Töchter, und von diesen
sechs Söhnen arbeiteten fünf, seit sie mit der Schule fertig
waren, in der Handmaschinenstickerei des Vaters in Reute
im Appenzellerland. Der Vater war der Chef und kaufte ein
zweites Haus mit neuen Maschinen dazu. Ein Bruder durfte die Entwurfsabtei-
lung für die Zeichnungsvorlagen in St. Gallen besuchen. Nach einer St. Gallener
Zeichnung aus der Zeit um 1900 arbeite ich heute noch. Das war die Hochblüte
der St.-Gallen-Stickerei. Als der Erste Weltkrieg kam und danach die schweren
1930er Jahre, mussten sich alle fünf Söhne eine andere Arbeit suchen.

Ab 1942 gab es dann wieder Stickaufträge aus St. Gallen, und unten im
Haus – im Sticklokal, wie wir sagen – wurden zwei Maschinen aufgestellt. Nur
mein Mann und sein Vater fingen wieder an zu sticken. Seine vier Brüder üb-
ten weiter ihre neuen Berufe aus. Im Haus lebte noch eine ledige Tochter, die
alle Nebenarbeiten erledigte, wie zum Beispiel das Fädeln der Nadeln oder das
Ein- und Ausspannen der Tüchlein. Die St. Galler Textilfabrik zahlte nach der
Anzahl der Stiche, da war es wichtig, dass der Sticker möglichst viele Stiche
machen konnte und sich nicht mit Zuarbeiten aufhielt. 1948 haben mein Mann
und ich geheiratet, und von da an übernahm ich diese Arbeit, so mussten wir
keine fremde Arbeitskraft bezahlen.

Zwischen meinem Mann und mir bestand ein großer Altersunterschied, er
war zweiundzwanzig Jahre älter. Wir wollten eigentlich gerne eine große Familie haben, aber mit zwei Kindern waren wir auch zufrieden. Unsere Töchter
Erika und Rosmarie sind im April 1949 und im Dezember 1950 geboren. Vor

LINA BISCHOFBERGER

Rosmaries Geburt habe ich bis zum letzten Tag im Lokal mitgearbeitet. Bei uns lernte damals ein Ehepaar das Sticken; wir verabschiedeten uns am Abend, bevor sie heimgingen, und am Morgen, als sie wiederkamen, lag ich schon in den Wehen, und bald war die Rosmarie geboren. Es hatte viel Schnee gegeben, die Hebamme musste zwölf Kilometer mit dem Schlitten zurücklegen.

Die Maschinen liefen von morgens bis abends. Ich war für den Haushalt und den Garten zuständig, habe die Kinder versorgt und die ganze Zeit unten mitgearbeitet. Die zwei Mädchen sind praktisch im Lokal groß geworden, haben neben uns gespielt und später dort ihre Schulaufgaben gemacht. Sie kannten alle Arbeitsabläufe ganz genau. Mitgearbeitet haben sie aber nie, das wollte mein Mann nicht. Er sagte immer: Zuerst kommt die Schule, sie müssen etwas lernen. Damals bei ihm, mit neun Kindern, hatte man für die Schule nicht viel Zeit übrig gehabt.

Als Rosmarie zur Schule kam, ging sie zuerst in die Grundschule in Mohren und später in die Sekundarschule in Oberegg, jeden Tag zu Fuß. Das Postauto gab es damals noch nicht. Wir sagten immer: Es ist schön, auf dem Land zu wohnen, aber wenn die Kinder in die Schule und nachher in die Lehre kom-

men, ist es doch etwas mühsam. Wir hatten auch kein Auto, wir konnten sie nicht bringen oder abholen. Die Rosmarie arbeitete nach der Sekundarschule noch ein Jahr in St. Gallen im Haushalt und konnte gleichzeitig an der Frauenschule Kurse besuchen. Später war sie bei verschiedenen Familien und Spitälern in unterschiedlichen Schweizer Orten als Hauspflegerin angestellt. Auf diese Weise lernte sie auch gleich die verschiedenen Sprachen, die in der Schweiz gesprochen werden, wie Italienisch im Tessin. In der Bündner Frauenschule vollendete sie ihre Ausbildung.

Weil sie so gerne zu Hause war, kam sie bei jeder Gelegenheit heim. Sie hatte schon in St. Gallen einen Freund, einen Tessiner, den sie auch mit nach Hause bringen durfte. Wir wollten ihn kennenlernen. Durch ihn traf sie ihren Mann Giorgio, der auch aus dem Tessin stammt. Als mein Mann krank wurde und 1988 starb, waren die Kinder schon lange aus dem Haus. Rosmarie hatte 1973 geheiratet. Ihr Mann hatte bei der Post in Zürich eine Stelle als Bahnpostfahrer, und als Rosmarie in Winterthur arbeitete, ließ er sich dorthin versetzen. 1975 sind sie dann ins Tessin gezogen, wo die Schwiegereltern die Poststelle verwalteten, und zwei Monate später wurde Alessandra geboren. Rosmarie und Giorgio lebten dann zunächst eine Zeit lang bei den Schwiegereltern.

Alessandra ist von meinen sechs Enkelkindern das einzige Mädchen. Ich habe alle gerne, ich mache keine Unterschiede, aber Alessandra steht mir am nächsten. Sie war schon als Kind so »fertig«. Im Tessin dauern die Sommerferien von Juni bis Ende August, und meistens verbrachte sie alle drei Monate bei mir. Mein Mann hatte 1979 einen Hirnschlag und war seither linksseitig gelähmt. Er konnte nicht mehr arbeiten, und von da an übernahm ich die Stickerei und stickte allein weiter. Wenn dann die Kinder hier waren, ging es manchmal hoch her. Aber Alessandra war damals schon sehr fürsorglich, sie half mir in der Küche, oder wenn der Großvater ihr sagte: Alessandra, räumst noch die Stube auf, machte sie das tipptopp, wie eine Große. Genau wie ihre Mutter als Kind spielte sie bei mir im Lokal, wenn ich arbeitete. Noch heute hängen die Zeichnungen, die sie damals mit Bleistift

   LINA BISCHOFBERGER

gemalt hat, an den Wänden. Etwa ein Porträt von mir, auf dem »Lina« steht. Oder »unser Haus«. Sie wuchs durch die Eltern mehrsprachig auf: Italienisch lernte sie als erste Sprache, dazu Schwyzerdütsch und Hochdeutsch.

Sie hat einen starken Willen und war früh selbstständig. Als sie zum Studium nach Zürich ging, suchte sie sich alleine eine Wohnung. Nun hat sie selbst eine Familie und wohnt nicht weit von Rosmarie und Giorgio entfernt. Ihre Kinder kommen gerne zu den Großeltern. Die haben ein Schwimmbad, und im Sommer treffen sich alle bei ihnen. Rosmarie sagte letzthin am Telefon, sie hätten es alle zusammen sehr lustig und schön gehabt. Ihr Sohn Mario ist dann der Grillmeister, sie macht die Salate, und ihr jüngerer Sohn Enrico bringt das Dessert mit. Ich freue mich so darüber. Dass sie so gerne zusammen sind, ist für mich das Allerschönste. Die Zeit mit den Kindern geht so schnell vorüber. Erst wenn man allein ist, schaut man zurück und zehrt von diesen Momenten. Man lebt doch sehr in Gedanken mit ihnen. Ich denke, ich werde wohl einmal auf sie angewiesen sein, aber ich möchte ihnen nicht zur Belastung werden.

Rosmarie und ich haben ein sehr gutes Verhältnis. Der Weg vom Tessin ist weit, drei Stunden Autofahrt, und sie und ihr Mann arbeiten beide noch. Aber

sie läutet jeden Tag an, damit sie, wie sie sagt, sofort Bescheid weiß, wenn etwas passiert ist. Im Sommer 2007 hatte ich einen Darmverschluss. Meine Schwägerin und ich waren den ganzen Tag mit anderen Senioren aus der Gemeinde unterwegs gewesen. Mir war schon am Morgen nicht gut gewesen, aber ich wollte meiner Schwägerin nicht absagen. Den ganzen Tag über hatte ich Schmerzen, und mir war schlecht, und als ich endlich heimkam, musste ich mich übergeben. In dem Moment läutete die Rosmarie an. Ich dachte, ich hätte mich normal gemeldet, aber sie fragte sofort: Mutti, was hast du? Und als ich sagte, dass mir nicht gut sei, rief sie gleich ihre Schwägerin an. Schließlich kam ich zum Notfallarzt, der sagte nur: Spital, sofort Spital. Vom Spital aus sind sie noch mit mir nach Herrisau gefahren, und als wir dort ankamen, war auch Erika schon von Chur hergekommen. Ich wurde gleich operiert, und der Arzt meinte nachher: Sie brauchen jetzt eine längere Erholungszeit. Sie sind dem Herrn nochmal von der Schaufel gesprungen. Seitdem läutet Rosmarie abends noch einmal an.

Ich habe ein Schreiben aufgesetzt und verfügt, dass man mich nicht an Maschinen anschließen darf, wenn es so weit ist. Dass sie mich sterben lassen müssen. Meine Kinder sind über alles informiert und haben für alles die Vollmacht. Letzte Weihnacht war ich sieben Wochen im Tessin. Im Jahr davor hatte ich dort eine Lungenentzündung gehabt. Der Arzt wollte mich ins Spital bringen, aber Giorgio sagte: Nein, nein, sie kann hier bei uns bleiben. Wir schauen nach ihr. Aber jetzt sage ich, ich möchte ihnen nicht zur Last fallen. Sie sind noch jung. Sie würden immer denken, dass sie mich nicht alleine lassen können, auch wenn sie einmal ausgehen wollten. Nein, das will ich nicht. Ich habe beschlossen, ins Altersheim unserer Gemeinde zu gehen. Dort war auch meine Mutter, und ich bin da gut bekannt – und kann von da immer zu meinem Haus hinüberschauen. Das ist schön.

Ich fühle mich eingebunden und als Teil einer Generationenkette. Meine Mutter lebte fünf Jahre in dem Altersheim, sie konnte nicht mehr zu mir kommen. Mein Mann war ja gelähmt und brauchte auch Pflege, aber ich ging jeden Sonntagmorgen zu ihr, um sie zu waschen und anzuziehen. Meine Mutter, ich, die Rosmarie, Alessandra, und nun ist mit Mara schon die fünfte weibliche Generation geboren. Vier Generationen leben und sind gut miteinander, das ist ein großes Geschenk.

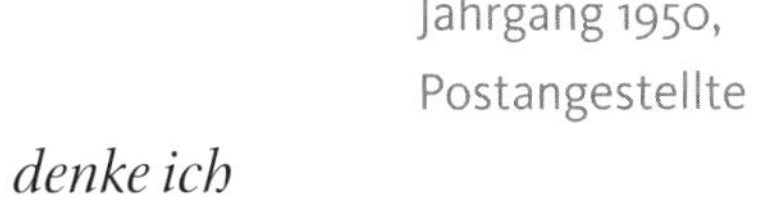

Seit ich selber Kinder habe, denke ich daran, dass ich auch einmal Kind war.

Meine Mutter war eine sehr gute Mutter, sie war immer zu Hause. Wir hatten kein Auto. Wenn sie einmal wegfuhr, dann mit dem Postauto, aber höchst selten. Die Eltern haben zu Hause gearbeitet, dadurch waren sie immer, wenn man sie brauchte, für uns erreichbar. Vor allem mein Vater begann früh am Morgen und arbeitete bis in den späten Abend. Meine Mutter arbeitete ihm zu, sie waren ein Team. Dadurch waren wir, meine ältere Schwester und ich, auch viel im Sticklokal bei ihnen. Am Sonntag unternahmen wir dann schöne Wanderungen in die Berge, machten ein Feuer und brieten Bratwürste. Wir konnten auf Bäume klettern und spielen. Ja, es war eine schöne Kindheit.

Als mein Vater und meine Mutter heirateten, war in ihrem Haus auf einer Seite die Wohnung der Großeltern, wo auch mein Vater aufgewachsen ist. Die andere Seite war eine Rumpelkammer. Weil er im Haus stickte, musste er auch darin wohnen. Er baute die Seite mit der Rumpelkammer aus und baute an. Wir wohnten natürlich einfach, hatten keine Zentralheizung, nur einen Kachelofen, und im Winter war es in den Zimmern kalt. Ich erinnere mich noch lebhaft an die Sorge meiner Mutter, dass wir genug Arbeit hatten. Immer war die Angst da, einmal keine Arbeit mehr zu haben. Meine Mutter hatte eigentlich Köchin gelernt, aber als verheiratete Frau arbeitete sie im Sticklokal mit, erledigte alle

Nebenarbeiten. Als mein Vater dann einen Schlaganfall hatte, konnte sie alleine weiterarbeiten. Das war gut so, denn wenn sie das Sticken nicht gelernt hätte, hätte seine Krankheit das Aus bedeutet.

Zur Schule ging ich zuerst in Mohren. Wir mussten immer zu Fuß gehen, auch nach Oberegg in die Sekundarschule – zu Fuß bei Wind und Wetter, bei Regen und Schnee. Es ist sehr schön im Appenzellerland, und ich komme meine Mutter gern besuchen. Aber die Winter sind lang und hart, es gibt viel Schnee, und es ist sehr kalt. Bei uns im Tessin sind die Winter viel milder. Ich lebe jetzt schon so lange dort, dass das Tessin meine Heimat geworden ist. Damals machte man nach der Schule eine Haushaltslehre. So ging ich mit fünfzehn nach St. Gallen zu einer Familie und kam nur fürs Wochenende nach Hause. Danach war ich bei einer Familie mit vier Kindern in Arosa. Bis ich achtzehn war, habe ich die Haushaltslehre gemacht und ging dann nach Chur auf die Heimpflegerinnenschule. Das alles habe ich mit der Mutter diskutiert und geschaut, was gefällt mir, und wo bekomme ich einen Ausbildungsplatz. So habe ich mich für den Beruf der Heimpflegerin entschieden.

Das frühe Weggehen von zu Hause machte mich gezwungenermaßen früh selbstständig. Einmal waren meine Mutter und mein Vater für einen Monat auf der Landesausstellung in Lausanne und haben dort mit ihrer Handstickmaschine Leuten das Sticken vorgeführt. Zuerst wollten sie uns nicht alleine lassen, aber dann waren meine Schwester und ich den ganzen Monat alleine zu Hause. Wir waren etwa vierzehn und fünfzehn Jahre alt und sehr stolz, dass wir das so gut gemeistert haben. Daran mag ich mich gerne erinnern.

Mein Mann und ich haben uns in Arosa kennengelernt, als ich dort arbeitete. Er war mit einem Freund zum Skifahren dort. Nach einem Jahr erfuhr er durch Zufall, dass ich im Tessin arbeitete, und von da an haben wir regelmäßig telefoniert. 1974 haben wir geheiratet und zuerst in Winterthur gewohnt. Er arbeitete bei der Post und ich als Heimpflegerin. Als ich Alessandra erwartete, zogen wir zu den Eltern meines Mannes ins Tessin. Alessandra kam in Lugano zur Welt, seitdem leben wir dort.

Das erste Kind ist immer etwas Besonderes. Man hat auch noch viel Zeit, ist immer für es da. Ich hatte meine Schwiegermutter ganz in der Nähe, aber mit Alessandra gab es keine Probleme, schwieriger wurde es mit dem zweiten und dritten Kind. Für meine Mutter war der Weg zu mir zu weit, Alessandra war für sie schon das dritte Enkelkind, da waren die Emotionen nicht mehr so stark. Aber meine Eltern besuchten uns

regelmäßig im Tessin. Seit meine Mutter alleine ist, kommt sie immer Mitte Dezember und bleibt bis Ende Januar, Anfang Februar. So verbringt sie den Winter im milden Tessin. Im Sommer hat sie so viel mit den Beeren und dem Garten zu tun, da geht sie nicht so gerne fort.

Erst seit ich selber Kinder habe, denke ich häufiger daran, dass ich auch einmal Kind – das Kind meiner Mutter – war. Und wie es wohl für sie in ihrer damaligen Situation war.

Unser nächstes Kind war ein Bruder für Alessandra. Er hat unser Leben sehr verändert, auch für sie. Wir merkten bald, dass er taub war. Uns wurde gesagt: Ihr Sohn ist vollständig taub, er muss in eine Einrichtung und kann nicht zu Hause bleiben. Ich war schon schwanger mit dem dritten Kind. Das war eine problematische Zeit, da kommen mir jetzt noch die schweren Gefühle hoch. Wir entschieden, dass er bei uns zu Hause aufwachsen sollte. Wir hatten ein Vorbild, denn wir kannten die Eltern eines vier Jahre älteren Kindes, das auch taub war und zu Hause lebte. Wir sahen, wie sie lebten und was sie mit ihm machten. Und zum Glück hatten wir Schwester Luigia, die eine Therapie mit unserem Sohn begann. So konnte Mario bei uns zu Hause aufwachsen. Aber wir mussten viel mit ihm arbeiten; ich fuhr zweimal in der Woche zu Schwester Luigia und übte jeden Tag drei Stunden mit ihm zu Hause. Da blieb für

Alessandra nicht viel Zeit übrig. Alessandra und Enrico, der Jüngste, waren eine Hilfe für mich. Sie sprachen mit Mario immer ganz normal, und so wurde er dazu angeregt, mitzuspielen. Dadurch spricht er wie wir. Er hat vor zwei Jahren geheiratet, er arbeitet – man kann sagen, er lebt wie wir.

Meine Mutter hat mir mit den Kindern viel geholfen. Wir konnten uns wegen der Entfernung nicht jede Woche oder jeden Monat sehen, aber als Mario geboren wurde, kam Alessandra zu meinen Eltern und blieb ein paar Wochen bei ihnen. Das war eine große Hilfe. Auch als Enrico geboren wurde, nahm meine Mutter Alessandra für sieben Wochen. Später verbrachten die Kinder die Sommerferien bei ihr im Appenzellerland. Das war eine große Erleichterung, so konnten mein Mann und ich auch einmal eine Woche Ferien ohne die Kinder machen. Wegen Mario hatten wir vorher nie Ferien machen können. Von da an waren sie jedes Jahr im Sommer bei ihrer Großmutter. Dadurch hat Alessandra ein besonders enges Verhältnis zu ihr.

Meine Tochter ist sehr kreativ. Sie hat viel von meiner Mutter, und auch ich habe als junger Mensch gern gehandarbeitet – gehäkelt oder Kreuzstickerei gemacht. Aber Alessandra ist besonders begabt. Sie wählte ja auch einen kreativen Beruf, hat Architektur studiert und arbeitet jetzt im eigenen Architekturbüro.

Als sie noch in Zürich studierte, kam sie meistens am Samstag, Sonntag nach Hause. Da waren wir uns noch sehr nah, etwas fremder wurde sie mir, als sie in London lebte. Sie hatte zuvor geheiratet und verbrachte mit ihrem Mann drei Jahre in England. Sie konnte dort in einem Architekturbüro arbeiten. Mara, meine Enkeltochter, ist in London geboren. Als sie zwei Monate alt war, kamen sie zurück, und jetzt leben sie seit vier Jahren wieder in Lugano. Als Alessandra in London war, hatte ich manchmal das Gefühl, den Kontakt zu ihr ein wenig zu verlieren. Es war eine so andere Welt, in der sie lebte. Wir haben sie ein paarmal besucht, oder sie sind gekommen, aber wenn man die Tochter so lange nicht sieht, dann verliert man ein wenig die Nähe. Man wird sich ein wenig fremd. Es war darum eine Freude für uns, dass sie sich entschie-

     ROSMARIE BOGGIA-BISCHOFBERGER

den haben, zurückzukommen. Mit einem Kind, sagen sie, ist es schöner bei uns. Wir leben wie auf dem Land. Sie wohnen in der Nähe von uns bei Lugano. Alessandra und ich haben heute ein sehr gutes Verhältnis. Wir hören und sehen uns nicht jeden Tag, aber wir wissen genau: Wenn wir einander brauchen, sind wir füreinander da.

Jetzt bin ich auch Großmutter und genieße es. Am Ende und am Anfang jedes Monats arbeite ich voll, aber in der Mitte des Monats etwas weniger, so habe ich Zeit für die Kleine, und meine Tochter kann arbeiten. Ich freue mich darüber, dass Mara an diesen Tagen zu mir kommen kann. Die Jahre vergehen so schnell, und sie wird groß, und dann braucht sie ihre Großmutter nicht mehr so intensiv wie jetzt.

Meine Mutter und ich sprechen über sehr vieles. Ich telefoniere jeden Tag mit ihr, manchmal eine Stunde, manchmal auch zweimal täglich. So halten wir engen Kontakt zueinander. Als mein Mann und ich gestern nach Hause kamen und einen Moment schwiegen, sagte er: Du musst mit deiner Mutter telefonieren, ihr werdet euch sicher was zu erzählen haben. Wenn wir telefonieren, berichtet sie mir ihren ganzen Tagesablauf und ich ihr meinen. Dazu sagt meine Mutter immer: Dann kann ich mit euch leben und bin in Gedanken bei euch.

Sie wird jetzt sechsundachtzig, manchmal mache ich mir Gedanken, wie es weitergehen wird. Im Moment ist sie noch geistig so fit wie ich, fast jünger als ich. Nur mit dem Gehen hat sie Probleme, sie hat Schmerzen dabei. Aber ich merke, wenn sie wieder erzählen kann: Grad hab ich mit einer Journalistin telefoniert, die kommt, die möchte über uns schreiben, das elektrisiert sie, und dann steht sie wieder auf, so was hält sie am Leben. Sie hat auch schon daran gedacht, mit dem Sticken aufzuhören. Wenn sie uns fragt, sagen wir: Du kannst machen, was du willst. Lass alles, wie es ist. Wenn du Lust hast, dann arbeitest du ein wenig, wenn du keine Lust hast, arbeitest du nicht. Ich finde, das ist ideal. Sie muss nichts mehr machen, nur dann, wenn jemand kommt, dem sie das Sticken vorführt. Das hält sie am Leben.

Von unserer Familie leben jetzt vier Frauengenerationen. Das ist schon etwas Besonderes. Manchmal, wenn wir wie jetzt alle zusammen sind, dann hoffe ich, dass wir das noch lange so erleben können. Solange meine Mutter noch lebt, ist sie die Älteste, und das finde ich schön. Wenn sie einmal nicht mehr ist, bin ich die Älteste. Das Leben vergeht so schnell. Es ist noch nicht lange her, da war Alessandra so klein wie jetzt Mara.

Jahrgang 1975,
Architektin

Ich erkenne, hier sind meine Wurzeln.

Die Erinnerung an meine Mutter während meiner Kindheit ist geprägt von einem Bruder, der taub ist. Er ist zwei Jahre jünger als ich, und meine Mutter verbrachte viel Zeit mit ihm. Ihm das Sprechen beizubringen war eine kontinuierliche und sehr anstrengende Arbeit für sie. Eine andere Erinnerung: Ich sehe sie im Garten mit einem großen Teppich sitzen, den sie bestickt, oder mit anderen Handarbeiten. An ihre Kreativität denke ich im Zusammenhang mit meinem Beruf als Architektin oft. Sicher ist auch sie schon geprägt von ihrer Mutter. Dieser rote Faden zieht sich also von meiner Großmutter über sie zu mir.

Auch wenn meine Mutter so viel Zeit mit meinem Bruder verbrachte, habe ich mich doch nie vernachlässigt gefühlt. Nach dem ersten Bruder wurde noch einer geboren, und wir haben alle drei ganz normal zusammen gespielt. Meine Mutter sprach bis zur Geburt meines Bruders Schwyzerdütsch mit mir. Mario hatte ein Problem mit dem Hören, da musste man ihm Italienisch beibringen, weil wir ja im Tessin lebten und alle Italienisch sprachen. Meine Eltern wollten ihn nicht in ein Heim geben, und meine Mutter hat ihm mit aller Kraft jeden Tag Unterricht gegeben. Er kann jetzt gut sprechen, trägt akustische Geräte, kann als Selbstständiger arbeiten. Er ist verheiratet und führt ein normales Leben. Dieses Ziel, dass er ein normales Leben führen kann, war in unserer Familie ein wichtiges Thema. Als meine Tochter geboren wurde, haben wir sofort Hörtests machen lassen. Glücklicherweise ist alles in Ordnung. Ich wüsste nicht, ob ich eine solche Kraft und einen so unbedingten Willen hätte wie meine Mutter.

Ich war in meiner Jugend sehr gerne allein. Ich liebte mein kleines Zimmer, dorthin zog ich mich zurück und verbrachte viel Zeit mit Malen und Zeichnen. Ich bin ein eher ruhiger Mensch und hatte selten Streit in der Familie. Ich sah ja auch, dass meine Mutter sehr eingespannt war.

Meine Mutter ist eine tapfere, starke Frau, sie ist optimistisch, sonnig und fröhlich. Wenn sie leidet oder irgendetwas nicht stimmt, behält sie es für sich. Sie möchte das Gute bewahren, versucht, für uns das Beste zu erreichen, und schaut weniger auf sich selber, sie ist sehr selbstlos. Sie war viele Jahre schwer krank, klagte nie und wollte auf keinen Fall, dass wir uns Sorgen machten.

Jetzt, da ich älter bin und auch ein Kind habe, frage ich mich manchmal, was ich von ihr übernommen oder geerbt habe, und es gibt Tage, da denke ich plötzlich, wenn ich mich für eine Sache so sehr begeistern

kann, bin ich genau wie sie. Wenn meine Mutter an etwas glaubt, sich über etwas freut, ist sie genauso enthusiastisch und engagiert. An anderen Tagen denke ich, vielleicht habe ich doch mehr von meinem Vater.

Sie ist ein Vorbild für mich in dem, was sie ist. Nicht in dem, was sie macht, sondern wie sie als Mensch ist. Ihre Energie und ihr Enthusiasmus, die fallen mir immer an ihr auf. Ich finde das so schön. Ich mag Leute, die begeisterungsfähig sind und Freude an dem haben, was sie tun. Ich möchte auch so engagiert sein. Manche Frauen haben ein Verhältnis zu ihrer Mutter wie zu einer Freundin. Wir haben eher das Verhältnis Mutter und Tochter. Wenn ich ein Problem habe, behalte ich es für mich und versuche, es allein zu lösen. Das habe ich wohl schon als Kind so gemacht. Vielleicht ist das bei ihr auch so. Wir sind Mutter und Tochter, herzlich und innig, aber doch bleibt jede ein wenig für sich.

Auch meine Großmutter ist ein absolut begeisterungsfähiger Mensch, und man kann nur lernen von ihr. Sie ist sechsundachtzig und immer noch voller Enthusiasmus. Sie hat eine solche Freude am Leben, an dem, was sie macht, an ihrer Arbeit, am Garten, jeden Tag. Es berührt mich, wenn ich das erlebe. Wir sehen uns nicht häufig, aber unser Verhältnis ist unglaublich innig. Ich war als Kind oft bei ihr. Ich habe immer die ganzen Sommerferien bei ihr verbracht, und es waren herrliche Sommer. Ich verbrachte oft Stunden bei ihr im Sticklokal und freute mich an den wunderschönen Farben der Garnrollen.

Sie ist vielleicht diejenige, von der ich meine Kraft habe. So erinnere ich mich zum Beispiel an ihre Reaktion, als ich an der Universität war und die ersten Prüfungen nicht bestanden hatte. Ich war zu Hause und sehr niedergeschlagen. Da gab sie mir unglaublich viel Kraft, ich weiß noch genau, was sie sagte: Man muss nicht denken, wenn man fällt, es ist alles vorbei. Man muss die Kraft haben, wieder aufzustehen, weiterzugehen. Sie ist diejenige, die solche Sachen sagt, sie vorlebt und Mut macht.

Damals, als mein Großvater starb, hat sie nicht einfach resigniert, nein, sie hat es gepackt und alleine weitergemacht. So ist sie. Und ich denke, sie ist der glücklichste Mensch. Man sieht ihr an, dass sie von ihren Tüchern und ihrer Arbeit absolut begeistert ist. Es ist sehr schön, einen so begeisterungsfähigen Menschen zu sehen und in der Familie zu haben, von ihm abzustammen.

 ALESSANDRA BEFFA-BOGGIA

Trotz ihrer Schlichtheit ist sie ein moderner Mensch. Wenn ich mit ihr rede, ist es nicht wie mit einer Sechsundachtzigjährigen. Sie ist so wach und neugierig und versteht immer, was ich meine. Wir können ganz aktuelle Themen diskutieren – nicht typisch für eine junge Frau mit ihrer Großmutter. Unser Verhältnis ist so eng und so nah, ich könnte vergessen, dass fünfzig Jahre zwischen uns liegen. Von ihr und von meinem Großvater habe ich meine Kreativität. Ich habe erst vor kurzem erfahren, dass mein Großvater auch künstlerisch tätig war. Er hat selber Bilder gemalt. Und plötzlich ist mir alles klar. Ich weiß jetzt, warum ich gerne male. Ich weiß und erkenne genau, dass ich von hier komme, hier sind meine Wurzeln. Ich kann sehen, woher meine Kreativität, meine Freude am Malen und an Farben kommt.

Letztes Jahr war meine Großmutter bei uns, und wir haben ein Foto gemacht, nur wir Frauen. Es gibt so Momente, in denen wir wahrnehmen, dass wir vier Frauengenerationen sind. Und dann fällt mir auf, was uns verbindet. Da ist diese Begeisterungsfähigkeit für das Leben, für das Kleine, für kleinere Dinge. Eine schöne Blume, einen sonnigen Tag, einen schönen Garten … Ich merke, wir drei begeistern uns in derselben Art. Wenn ich mich freue, sehe ich: Meine Mutter und meine Großmutter fühlen das Gleiche.

Solche Verbindungen erkenne ich vielleicht erst jetzt, seit ich selbst eine Tochter habe. Vorher habe ich mir keine Gedanken darüber gemacht. Erst jetzt merke ich, was uns verbindet. Man fühlt sich eingebunden und geborgen in einer solchen Frauengenerationenfolge.

Ab und zu denke ich daran, wie alt meine Großmutter ist und dass es vielleicht ihr letztes Jahr sein könnte. Aber ich hoffe, dass sie hundert Jahre alt wird. Ich versuche, meine Sorge zu vergessen, schiebe den Gedanken beiseite. Was bleibt, ist der Impuls: Ich muss sie wiedersehen. Und dann komme ich vielleicht und besuche sie.

DANIELLE JACOBOVITZ

CHARLOTTE KNOBLOCH

SONIA JACOBOVITZ

CHARLOTTE KNOBLOCH

Die junge Generation interessiert mich sehr.

Jahrgang 1932, Präsidentin des Zentralrats der Juden in Deutschland 2006 bis 2010

Die Geburt unserer zweiten Tochter Sonia veränderte unser Leben entscheidend. Ich war einundzwanzig, und wir hatten vor, in die USA auszuwandern. Mit nur einem Kind wäre es einfach gewesen, in ein fremdes Land zu gehen. Wir hatten uns intensiv um die Einwanderungsberechtigung bemüht und waren endlich im Besitz aller erforderlichen Papiere. Aber wir mussten einsehen, dass es mit zwei kleinen Kindern sehr schwer werden würde. So beschlossen mein Mann und ich, das Auswandern zunächst zurückzustellen. Doch der Entschluss, Deutschland zu verlassen, stand fest. Nach all dem, was mein Mann und ich erlebt hatten, wollte keiner von uns in jenem Land bleiben, in dem die meisten unserer Verwandten ermordet worden waren. Mein Mann hatte mit eigenen Augen zusehen müssen, wie sein Vater ermordet wurde. Wir konnten uns nicht vorstellen, in Deutschland eine Zukunft für unsere Kinder und uns aufzubauen. Sonias Geburt jedoch veranlasste uns, die Auswanderung für ein paar Jahre zurückzustellen. So blieben wir in München.

Ich hatte nie erfahren, nie erlebt, wie eine Mutter für ihr Kind sorgt. Für mich sorgte in den ersten Jahren meine geliebte Großmutter. Daher war es mir sehr wichtig, für meine eigenen Kinder immer da zu sein, ihnen die Geborgenheit und die Wärme eines Zuhauses zu geben. Zunächst jedoch musste ich in einem Punkt umdenken: Als Kind dachte ich, zumindest bildete ich mir ein, dass mein Vater lieber einen Sohn gehabt hätte. Er hat mich das nie spüren lassen, aber ich wurde das Gefühl nicht los, dass es ihm lieber gewesen wäre, für die Zukunft eines Sohnes sorgen zu können. So war auch ich zunächst auf Söhne fokussiert. Mein erstes Kind war dann auch ein Junge, und für mich stand fest,

dass ein weiterer Sohn folgen würde. Aber dann kam Sonia, meine Tochter. Natürlich war ich nicht enttäuscht, aber irgendwie überrascht. Dass ich unbewusst einen zweiten Sohn erwartet haben muss, zeigte sich darin, dass Sonia, die ein Dreivierteljahr nach ihrem Bruder zur Welt kam, mehr Jungenspielsachen als Puppen von mir geschenkt bekam. Auch mein drittes Kind wurde ein Mädchen, und heute bin ich froh und stolz darauf, zwei wunderbare Töchter zu haben.

Man sagt, eine Tochter bringt einen Sohn in ihr Elternhaus und die Töchter bleiben nah bei der Mutter. Meine Tochter Sonia ist, obwohl sie im relativ fernen Israel lebt, sehr fürsorglich. Wenn sie spürt, dass ich besorgt bin oder mich ein Problem umtreibt, dann ist sie sofort am Telefon und kümmert sich um mich. Auch medizinisch versorgt sie mich als Ärztin aus der Ferne.

Obwohl Sonia als Kind bisweilen gegenüber meinem Sohn die zweite Geige spielte, verstand sie es wunderbar, sich in den Vordergrund zu bringen. Mit

ihren Locken war sie ein sehr hübsches Baby und Kleinkind, und sie erkämpfte sich in jeder Hinsicht Beachtung. So eroberte sie sich den Platz, der eigentlich nicht a priori für sie vorgesehen war. Sie war sehr durchsetzungsstark – und das war richtig. Meine Kinder, Bruder und Schwestern, haben bis heute ein sehr enges Verhältnis. Da ich von früh bis spät für meine Kinder da war, konnten sie eng zusammenwachsen. Interessanterweise – man sagt ja oft, es sei genau umgekehrt – war Sonia mehr mir zugeneigt als ihrem Vater. In der Pubertät gab es öfter Auseinandersetzungen zwischen Vater und Tochter, bei denen ich schlichten musste. Ich war eher die Ausgleichende. Mein Mann war aber trotzdem sehr stolz auf seine Tochter. Überall, wo sie hinkam, fiel sie als hübsche junge Frau positiv auf.

Ich wurde erst berufstätig, als meine Kinder studierten. Zunächst engagierte ich mich im Sozialbereich. Das war Ende der 1970er, Anfang der 1980er Jahre.

Sonia wollte etwas leisten. Sie studierte Medizin und scheute nicht davor zurück, hart arbeiten zu müssen, um Ärztin zu werden. Sie konnte Tag und Nacht lernen – unglaublich. Ich erinnere mich, dass ihr ganzes Zimmer mit Schnüren durchzogen war, an denen sie ihre Notizen aufgehängt hatte. Sie wusste genau, wohin sie für welche Frage greifen musste und wo genau das stand, was sie gerade brauchte. Sie absolvierte ihr medizinisches Staatsexamen mit »sehr gut« und hatte schon eine Stelle in einer Klinik in Aussicht. Weil sie jedoch nach ihrem Abschluss so erschöpft war, riet ich ihr, vorher Urlaub zu machen. Es war März, und sie folgte meinem Vorschlag, in die Sonne zu fahren. Sie schloss sich einer Gruppe junger Leute an und flog nach Israel. In diesen Tagen lernte sie ihren zukünftigen Ehemann kennen. Sie trat ihren Job in der

Klinik in Deutschland nicht an, sondern entschied sich, zu ihm, dem Mann ihres Lebens, nach Israel zu ziehen. Mit ihrer guten medizinischen Ausbildung konnte sie sich dort intensiv einbringen. So war eigentlich ich es, die mittelbar Sonias Übersiedlung bewirkte. Ausgerechnet! Schließlich war und bin ich bis heute eine richtige Glucke und wollte eigentlich alle Kinder immer nah bei mir haben. Das Resultat: Heute leben sie alle weit verstreut. Aber Sonia war die Erste, die von zu Hause wegging, und es ist mir sehr schwergefallen, sie ziehen zu lassen.

Als Sonias Tochter Danielle geboren wurde, bin ich, wie auch zur Geburt der anderen Kinder, nach Israel gereist. Ich habe alles vorbereitet und vieles mitgebracht. Zur damaligen Zeit gab es in Israel nicht die Möglichkeiten, wie es sie heute gibt. Heute kann man dort alles kaufen, aber damals brachte ich Windeln und Babysachen mit. Ich habe gewaschen und das Kinderzimmer schön eingerichtet, damit, wenn Sonia und Danielle nach Hause kamen, das Kind ein

fertig gemachtes Bettchen hatte. Das war mir sehr wichtig. Als ich abreisen musste, war ich sehr traurig. Ich hätte gerne aus der Nähe erlebt, wie meine Tochter ihre Kinder erzieht und wie meine Enkel heranwachsen.

Glücklicherweise sprach Sonia mit ihren Kindern von Anfang an Deutsch. Dadurch konnte ich mich mit meinen Enkelkindern von klein auf verständigen. Die junge Generation interessiert mich sehr, und ich habe meine Enkel so oft wie möglich nach Deutschland eingeladen. Danielle hat am Goethe-Institut Tel Aviv sogar im Fach Deutsch Abitur gemacht, was mich besonders freut und was ich auch unterstützt habe. Möglichst viele Sprachen zu beherrschen ist in unserer globalisierten Welt unglaublich wichtig. Wenn man eine Sprache erlernen kann, ohne viel dafür tun zu müssen, ist das ein großer Vorteil.

Als die Enkelkinder noch zur Schule gingen, war es ein Ritual, dass wir uns in den Ferien trafen. Entweder im Winter zum Skifahren oder im Sommer an einem See in Österreich. Sie sollten nicht nur mit ihrer Mutter Deutsch sprechen, und es machte ihnen immer großen Spaß, sich mit den Leuten unterhalten zu können. Ich habe die Kinder betreut, wenn wir gemeinsam Urlaub machten. So hatte Sonia auch mal ein bisschen Zeit für sich. Sie liebt es beispielsweise, Ski zu fahren, und so nutzte ich unseren Urlaub, um sie ein wenig zu unterstützen. Ich wünsche mir sehr, dass wir diese Treffen beibehalten, aber nun ist Sonias ältester Sohn berufstätig, Danielle studiert, und der Jüngste ist beim Militär. Da können wir uns eben nicht mehr so regelmäßig, in jedem Urlaub, sehen. Aber solange ich noch die Möglichkeit habe, versuche ich, wenigstens ein paar Tage im Jahr mit ihnen zu verbringen.

Meine Enkelin Danielle ist einfach ein Goldstück. Sie hätte als junger Mensch das Recht, egoistisch zu sein. Aber sie ist es nie gewesen. Sie kümmert sich intensiv um mich und die Menschen in ihrer Umgebung. Sie ist sehr warmherzig, herzlich und offen. Wenn sie sich mit einem Thema befasst, dann richtig, und wenn sie etwas anfängt, bringt sie es zu Ende. Auch Querschläge versucht sie zu meistern. Wenn sie sich etwas vornimmt, zieht sie es durch, und man kann sich wirklich auf sie verlassen. Wir telefonieren häufig, dafür nehme ich mir immer Zeit. Wir sprechen über unseren Alltag, und sie ist auch sehr an meiner Vergangenheit interessiert. Sie wächst in einer völlig anderen Welt auf. Und obwohl oder gerade weil die dunkle Vergangenheit für sie kaum vorstellbar ist, versucht sie, so viel wie möglich über das Leben in dieser Zeit zu erfahren. So

besuchte sie beispielsweise auf einer Reise durch Polen das Vernichtungslager
Auschwitz. Danach setzten wir uns zusammen und sprachen zum ersten Mal
über meine Kindheit. Sie hatte unzählige Fragen und war von den Antworten
tief berührt.

Natürlich empfinde ich mich als Teil einer Generationenkette. Als Kind lebte ich mit meiner liebevollen Großmutter – bis zu dem Tag ihrer Deportation.
Aus Liebe taten wir so, als würden wir einander bald wiedersehen. Und doch
wussten wir beide, dass es ein Abschied für immer war. Ich habe diese Liebe
weitergetragen zu Sonia, und von ihr geht sie weiter zu Danielle. Aber ich werde auch jene Frau niemals vergessen, die mein Leben rettete und bei der ich
Geborgenheit und Trost erfuhr. Diese Erinnerungen und Erlebnisse waren und
sind wichtig und prägend für meine Rolle als Mutter und Großmutter.

Jahrgang 1953,
Ärztin

Ich fühle mich in Israel am wohlsten.

Mein Verhältnis zu meiner Mutter war immer sehr, sehr
gut. Sie hat uns ziemlich frei erzogen, im Gegensatz zu
meinem Vater, der sehr streng war. Sie war loyal wie ein
Freund, was sich, als wir älter wurden, noch mehr ausgeprägt hat. Sie hatte immer Zeit für uns und widmete sich
unsere gesamte Kindheit über, bis wir zwanzig waren, ausschließlich uns. Ich weiß, dass sie enttäuscht war, als ich geboren wurde, weil
sie am liebsten nur Söhne haben wollte, aber das habe ich nie gespürt. Sie war
für mich als Mutter Vorbild; und ich habe versucht, mit meinen Kindern genauso wie sie mit uns umzugehen. Ich hatte das gleiche Problem: dass mein
Mann streng war und ich nicht.

Heute ist meine Mutter beruflich sehr eingespannt. So, wie sie früher für
uns da war und sich auch viel Zeit für die Enkelkinder nahm, ist es jetzt nicht
mehr möglich. Es veränderte sich, als sie begann, mehr für sich zu leben, was
wir und die anderen respektieren. Wir sind sogar glücklich darüber, weil sie

glücklich ist, und sie ist für meine Kinder ein Vorbild dafür, was man in älteren Jahren noch alles schaffen kann. Mein Sohn lebte eine Zeit lang bei ihr, weil er in Deutschland ein Praktikum gemacht hat. Als er zurückkam, war er ganz begeistert: Was die Oma so alles auf die Beine stellt, das ist unglaublich! Leider liegen zwischen uns Tausende von Kilometern, und ich sehe meine Mutter in den letzten Jahren selten. Aber wir haben ständig telefonischen Kontakt. Sie ist immer noch meine große Ratgeberin. Sie ist einfach klug. Ich bewundere ihre Tatkraft, habe aber manchmal auch ein wenig Sorge, dass sie sich zu viel zumutet. Sie wirkt wie zwei total verschiedene Menschen. Der eine ist Charlotte Knobloch, der Familienmensch, und der andere Charlotte Knobloch, die toughe Politikerin. Das bestätigen auch ihre Sicherheitsleute. Sie merken genau, mit wem sie am Telefon spricht – ob es jemand aus der Familie oder ein

Fremder ist. Politik ist kein Kinderspiel. Wenn auf einem herumgetreten wird, muss man sich so schnell wie möglich wehren.

Meine Mutter kennt keine Generationskonflikte. Sie ist ein äußerst moderner Mensch. Sie hört zu und hat oft mehr Verständnis für die Generation der Enkelkinder als deren Eltern. Das trifft besonders bei meinem Bruder und dessen Kindern zu.

Danielle ist mein zweites Kind, und ich habe mich gefreut, dass es ein Mädchen ist, weil ich vorher einen Jungen hatte. Meine Mutter kam zu ihrer Geburt her und half mir einen Monat lang, nachdem meine Haushaltshilfe ausgefallen war. So ist meine Mutter. Sie ist da, wenn man sie braucht. Damals, als sie bei mir war, bat man sie in München, die Präsidentschaft der Münchner Gemeinde zu übernehmen. Sie hat genau überlegt, ob sie das machen sollte, und wir

  SONIA JACOBOVITZ

haben ihr sehr zugeraten. Die Geburt meiner Tochter war dabei also ausschlaggebend. Ab 1985 hat sich das Leben meiner Mutter grundlegend verändert.

Meine Tochter Danielle ist ein resolutes und starkes Persönchen. Man kann sich auf sie hundertprozentig und immer verlassen. Ich erlebe mit ihr genau das Gleiche wie mit meiner Mutter: Wir sind Freunde. Wir können uns über alles unterhalten, sie erzählt mir viel, und wir haben ein enges Verhältnis. Ich muss sie manchmal stoppen, weil sie viel Energie hat und sehr aufbrausend sein kann. Sie hatte zum Beispiel drei Jahre lang einen Freund, mit dem ich nicht zufrieden war. Ich weiß, ich muss mich als Mutter zurückhalten, aber man muss doch etwas sagen, wenn man nicht glaubt, dass so eine Beziehung Zukunft hat. Da hat sie dann gesagt: Das will ich nicht hören. Ich sage nicht: Du darfst nicht. Sondern wir diskutieren, und jeder darf seine Meinung sagen. Ob sie gut oder schlecht ist, das ist eine andere Frage. Aber wir diskutieren es aus, und irgendwelche Worte bleiben immer hängen.

Ich spreche mit meinen Kindern Deutsch. Zu der Zeit, als mein Sohn geboren wurde, habe ich noch nicht sehr gut Ivrit gesprochen. Außerdem wusste ich ja, dass meine Familie nicht Ivrit spricht, und wenn ich möchte, dass meine Kinder Kontakt mit ihr haben, müssen wir eine gemeinsame Sprache sprechen. Darum habe ich darauf bestanden, und jetzt sprechen alle Deutsch. Danielle fährt sehr gerne nach Deutschland. Ob sie dort leben würde, weiß ich nicht, das glaube ich eher nicht. Es geht ihr wie mir: Ich fühle mich hier in Israel am wohlsten. Ich kann mir überhaupt nicht vorstellen, irgendwo anders zu leben. Ich habe auch nie Heimweh gehabt. Die Kinder wohnen noch alle zu Hause, und bei meinem Beruf als Ärztin ist es nicht immer leicht, alles unter einen Hut zu bringen: die Kinder, die Freunde. Meine Mutter, Danielle und ich treffen uns eigentlich nie zu dritt; entweder sind alle zusammen, oder meine Tochter fährt zu meiner Mutter. Das genießt sie sehr. Sie hat meine Mutter am liebsten alleine für sich, ohne ihre Cousinen und Cousins. Sie ruft einmal die Woche bei ihr an, ohne dass ich etwas sage. Es kann sogar sein, dass sie fragt: Hast du mit der Oma gesprochen? Sie ist, glaube ich, mehr im Kontakt mit ihr als ich.

Meine Kinder können sich heute in jeder Gesellschaft bewegen, daran hat meine Mutter einen großen Anteil; sie hat ihnen die europäische Kultur nahegebracht. Oft waren es nur Kleinigkeiten. Ein Beispiel: Meine Kinder trugen noch mit drei Jahren Windeln. Wir fahren in den Urlaub nach Österreich, wo wir immer gemeinsam hinfahren. Am Ende nehme ich die Kinder ohne Windeln wieder nach Hause, weil meine Mutter es nicht mit ansehen kann, dass ein Dreijähriger mit Windeln herumläuft. Sie kann auch innerhalb von zwei Wochen einen Hund stubenrein bekommen.

Tierlieb sind wir alle drei. Wir sammeln Tiere geradezu. Meine Mutter jetzt weniger, weil sie keine Zeit hat. Aber ich habe immer Hunde und eine Katze. Und Danielle ist auch darin meine Partnerin. Wenn ich nicht zu Hause bin, ersetzt sie mich. Ich hatte einen Hund, der sämtliche Kinder gebissen hat, also nahm meine Mutter ihn zu sich, und er führte bei ihr ein Leben wie ein Kaiser.

Meine Mutter hat immer offen über ihre schlimmen Kindheitserlebnisse gesprochen. Als ich jünger war, hat mich das nicht besonders beschäftigt, aber

als ich älter wurde, hatte ich großen Respekt vor ihr, weil sie sechs ungeheuer schwere Jahre hinter sich bringen musste. Sich das vorzustellen, mit sieben Jahren zu wissen, dass man nicht reden darf, dass man immer genau bedenken muss, was man sagt. Wenn ich Danielle angeschaut habe, als sie sieben Jahre alt war, dachte ich: So alt war meine Mutter, als sie wegmusste. Das ist ungeheuerlich und wahnsinnig schwer zu verstehen. Die Nazizeit hat die Generationenfolge meiner weiblichen Vorfahren unterbrochen. Ich kenne meine Großmutter

nicht und meine Urgroßmutter auch nicht. So beginnt die mir bekannte Generationenfolge erst mit meiner Mutter. Aber das, was ich von ihr gesehen oder gefühlt habe, möchte ich an meine eigene Tochter weitergeben. Ich bin eine absolute Muttertochter.

Ich bin hier sehr verwurzelt. Israel ist ein Land, in dem alles ein bisschen kompliziert und chaotisch ist, was ich sehr gerne habe. Das ist etwas, was mich von meiner Mutter unterscheidet: Sie ist sehr akkurat. Alles hat seine Ordnung. Ich bin eher das Gegenteil. Meine Tochter dagegen ist wieder so wie meine Mutter. Sie hat ihre Sachen beieinander, und alles hat seinen Platz. Außerdem weiß sie grundsätzlich, wo meine Brille, Schlüssel usw. sind. Ganz egal, wohin Danielle gehen würde, ob nach Deutschland oder woandershin, es wird schwer sein für mich. Ich sehe bei meinen Patienten, deren Kinder weit weg leben, wie es ist, niemanden zu haben, der sich um einen kümmert. Wenn meine drei Kinder alle im Ausland leben würden und ich hier allein wäre – davor hätte ich Angst. Um meine Mutter werde ich mich natürlich immer kümmern, wenn sie mich braucht, obwohl es für sie ein Horror ist und es auch für mich schrecklich wäre, wenn ich von meinen Kindern abhängig würde. Aber es ist selbstverständlich, ich bin Ärztin, und daher bin ich diejenige, die sich kümmert.

Meine Mutter ist in ihrer Art und im Kopf immer sehr jung geblieben. Vielleicht liegt das daran, dass sie uns sehr jung bekam. Sie ist quasi erst mit uns erwachsen geworden. Es hat seine Vorteile, eine junge Mutter zu haben, und oft vergesse ich, dass auch meine Mutter älter wird. Ansehen tut man es ihr nicht. So soll es noch lange bleiben!

Jahrgang 1985,
Studentin der
Psychologie
und Soziologie

*Wir haben eine richtige
Tierkollektion zu Hause.*

DANIELLE JACOBOVITZ

Eine bleibende Erinnerung an meine Mutter habe ich, als ich in die Schule kam. Es war der erste Schultag, und sie brachte mich hin. Ich fühlte mich unsicher und hatte Furcht, hineinzugehen. Sie nahm mich fest in den Arm, und ich fühlte mich gleich besser. Und so ist es mein ganzes Leben bis jetzt geblieben. Wenn ich Kummer oder Angst habe oder gestresst bin, umarmt sie mich, und ich fühle mich beschützt. Ich bin in Israel geboren und habe mein ganzes Leben hier gelebt. Ich habe einen älteren und einen jüngeren Bruder, bin also ein Sandwichkind. Meine Mutter sprach mit uns glücklicherweise Deutsch, dadurch konnte ich von Anfang an mit meiner Oma reden. Ich habe auch Abitur in Deutsch gemacht. Allerdings ist mein Deutsch durch die zwei Jahre in der Armee sehr viel schlechter geworden. Ich war bei Gaza stationiert, und weil ich selten wegfahren konnte, habe ich kaum Deutsch gesprochen.

Ich studiere in Tel Aviv und wohne noch – gerne – zu Hause. Natürlich kann man das Verhältnis zwischen meiner Mutter und mir, als ich zwölf war, nicht mit heute vergleichen. Da hat sich doch einiges verändert. Ich war allerdings schon immer sehr unabhängig. Das war auch notwendig, weil meine Mutter als Ärztin viel gearbeitet hat, da konnte ich nicht mit jeder Kleinigkeit zu ihr kommen. Aber wenn ich wirklich ein Problem hatte, war Mama für mich da. Unser Leben hat sich mit der Zeit verändert, auch durch äußere Einflüsse, wie besonders die Scheidung meiner Eltern. Dennoch ist unser gutes Verhältnis immer das Gleiche geblieben. Meine Mutter ist ein sehr warmherziger Mensch. Sie akzeptiert jeden, nimmt jeden so, wie er ist, sie hilft jedem und ist für alle da. Auch meine Freunde konnten immer mit Problemen zu ihr kommen.

Was mich als Kind manchmal ungeduldig gemacht hat, ist ihre Ruhe. Sie lässt Ärger kaum an sich heran, bleibt immer ruhig, ist fast nie gestresst, man muss sehr viel tun, um sie zu nerven. Manchmal, wenn etwas Schlimmes passiert und du einfach schreien möchtest, sagt sie: Immer mit der Ruhe, nicht aufregen. Als Kind war ich eine echte Nervensäge, ich habe mehr das israelische Temperament meines Vaters geerbt. Heute versuche ich ein wenig, wie die Mama zu sein, und möchte ruhiger werden. Ja, ich möchte ähnlich, nicht genau so wie sie werden. Aber es gibt vieles, was ich von ihr übernehmen möchte. Ich bewundere, wie sie ihr Leben anpackt. Sie kann gut organisieren, denkt an alles, und dadurch gelingt ihr alles. Allein wie sie uns als Kinder behandelt hat, war wunderbar, und ich kann nur hoffen, dass ich meine Kinder einmal ähnlich behandeln werde.

    Auch meine Großmutter ist eine sehr starke Frau und doch warmherzig.
Das fällt mir als Erstes zu meiner Oma ein: ihre Wärme, ihre Liebe und ihre
Stärke. Und sie sagt immer ihre Meinung. Das liebe ich an ihr. Die Oma sagt
immer, was sie denkt, auch wenn es nicht nur Schönes ist. Aber das hat mich
sehr gestärkt. Diesen Zug hat auch meine Mutter, aber nicht so ausgeprägt. Wir
empfinden alle drei Liebe zu Menschen, Wärme für Menschen, und wir lieben
auch alle drei Tiere. Wir haben eine richtige Tierkollektion zu Hause. Zurzeit
haben wir einen Hund und drei Katzen, viele Jahre hatte ich Vögel und Hams-
ter. Und meine Mama hat immer alles, was ich machte, akzeptiert, auch wenn
ich sie damit genervt habe. Es wurde immer alles ausdiskutiert.

    DANIELLE JACOBOVITZ

Früher haben wir uns mit Oma jedes Jahr im Sommer und zu Pessach getroffen. Heute sehe ich sie einmal, vielleicht zweimal im Jahr. Manchmal auch dreimal, wenn ich zu ihr nach Deutschland fahre. Wenn ich dort mit ihr die Straßen entlanggehe, merke ich, wie bekannt sie in Deutschland ist. Dann bin ich richtig stolz auf sie.

Im Sommer fahren wir immer zusammen nach Österreich, Oma und die ganze Familie. Wir verstehen uns alle sehr gut. Nur in den Jahren, als ich in der Armee war, konnte ich nicht mitfahren. Aber auch wenn ich Oma nicht treffe, sind wir ständig in Kontakt, wir schreiben uns E-Mails und telefonieren viel. Einmal war ich mit der Klasse in Polen und habe Konzentrationslager besucht. Das hat mich tief berührt. Danach hatte ich das Bedürfnis, mich mit Oma zusammenzusetzen, und es war das erste Mal, dass wir über ihre Kindheit im Kriegsdeutschland gesprochen haben. Das war mir sehr wichtig. Ich denke, dadurch sind wir uns noch nähergekommen. Sie hatte eine unvorstellbar schwere Kindheit. Ich weiß nicht, wie ich dieses Leben ertragen hätte.

Beide Frauen sind für mich heute ein Vorbild. Sie sind zwei eigenständige Frauen, die viel erreicht haben. Oma zeigt es anders als meine Mutter, aber sie sind beide stark. Wir können alle drei klar unsere Meinung sagen und, wo es nötig ist, Kritik anbringen. Meine Mama hatte nicht das Schicksal, das meine Oma hatte. Obwohl sie es auch nicht leicht hatte, war sie doch immer für uns Kinder da. Sie gab uns Geborgenheit und Sicherheit. Man kann sich nur wünschen, einmal selbst so eine Mutter zu werden.

Wenn ich Rat brauche, liegt es nahe, zu meiner Mutter zu gehen, wir wohnen ja im selben Haus. Aber mit Oma kann ich über viele Dinge des Lebens auch gut sprechen. Sie spürt, wenn ich sie brauche, und nimmt sich trotz ihres vollen Terminkalenders die Zeit, am Telefon zuzuhören und mit mir zu reden.

Wir Frauen in der Familie sind besonders eng verbunden. Einmal haben sich alle »Mädels« in Europa zu einem Ausflug getroffen: Enkelinnen, Cousinen, Tante, Mama, Oma. Dabei spürten wir deutlich, dass wir alle Oma lieben, respektieren und vor allem unheimlich stolz auf sie sind.

MATHILDE ERBEN

ALMA TOASPERN

CORNELIA TOASPERN

Jahrgang 1930,
Pianistin, Musik-
pädagogin

Ich fühle mich wirklich mittendrin.

Mein Vater stammt eigentlich aus Österreich. Sein Vater war Slowene, und seine Mutter, also meine Großmutter, stammte aus Südtirol. Sie war Pianistin. Als mein Vater ein junger Mann war, herrschte in Wien politisch ein Chaos. Das erklärt, warum er so großen Wert darauf legte, aus Österreich weg und nach Deutschland zu kommen. In ein Land zu kommen, von dem er hoffte, dass dort Ordnung herrschte. Das hat ihn auch dazu bewogen, in die NSDAP einzutreten. Er hat seinen slowenischen Namen abgelegt, er wollte einen deutschen Namen haben, aber da er drei Mädchen bekam, ist der Name wieder untergegangen. Aufgewachsen bin ich in Dessau. Meine Mutter stammte aus Heidelberg.

Ich war die jüngste von drei Schwestern, und als die beiden älteren zur Schule gingen, bekam ich Klavierunterricht. Dabei merkte man, dass ich ein absolutes Gehör habe, und so war mein Lebensweg vorgezeichnet. Ich studierte in Leipzig Musik und lernte an der Musikhochschule meinen Mann kennen. Wir machten zusammen Kammermusik, und das hat sich dann weiter fortgesetzt.

Cornelia wurde in einer sehr glücklichen Phase geboren. Wir waren seit zwei Jahren verheiratet, mein Mann war inzwischen Solocellist am Gewandhaus und Professor für Cello an der Hochschule. Cornelia war unser erstes, unglaublich freudig erwartetes Kind. Wir hatten sogar ein Kinderzimmer für sie, was für DDR-Verhältnisse ein großes Privileg war. Wir konnten unseren Berufen weiter nachgehen, und sie war gut aufgehoben, denn in der Nachbarschaft wohnte ein älteres Ehepaar ohne Kinder, das Cornelia als sein Kind annahm. Sie kamen immer, wenn es nötig war, und Cornelia konnte auch bei ihnen spie-

len. Für mich war es wunderbar, dass sie auch abends kommen konnten, wenn wir in Konzerte gehen wollten. Ich habe immer nachmittags unterrichtet und hatte von montags bis freitags eine Hilfe.

Cornelia war ein unglaublich lebhaftes Kind, voller Aktivität. Wir hatten eine richtig gute Mutter-Tochter-Beziehung, auch als sie Kind war, obwohl ich wahrscheinlich mit meinen Kindern generell wenig gespielt habe. Natürlich beobachtete ich sie als die Älteste am allergewissenhaftesten und registrierte alles, was sie machte. Ich sang mit ihr, und mein Mann nahm jedes Geräusch, das sie als Baby von sich gab, auf Tonband auf.

Es gab ein einschneidendes Erlebnis mit ihr. Unser Sohn Christian wurde im Juli 1959 geboren, und im Oktober machten wir mit Freunden einen Ausflug. Cornelia klagte über Bauchschmerzen. Wir kamen nach Hause, die Schmerzen wurden schlimmer, und es stellte sich heraus, dass sie einen Blinddarmdurchbruch hatte. Da war sie drei Jahre alt. Der Säugling Christian im Bettchen, mein Mann auf Konzertreise in der Schweiz, und ich musste in der Nacht nach Westberlin zu Freunden fahren, um Teramycin – ich weiß noch heute, wie das hieß – zu besorgen, damit das Kind überleben konnte. Das war eine schlimme Situation, die ich alleine durchstehen musste. Ein Glück, dass die Mauer noch nicht existierte.

Gab es in der Pubertät Konflikte mit ihr? Das würde ich nicht sagen. Wir lebten noch so, dass nicht alles zur Sprache gebracht wurde. Meine Erziehung war liebevoll, aber auch distanziert, so wie es schon in meinem Elternhaus üblich gewesen war. Ich kann mich nicht erinnern, dass wir größere Konflikte hatten. Vielleicht sieht Cornelia das anders, aber ich glaube es eigentlich nicht. Als sie älter wurde, brachte sie ihren ersten Freund mit, den wir tolerierten, mein Mann und ich. Er war ein sehr begabter Gitarrist, aber psychisch krank. Sie mochte ihn sehr, und er hat ihr musikalisch sicher viele Anregungen gegeben. Er hat sich später umgebracht. Das war eine tragische Geschichte. Da merkte man, dass sie jetzt ihr eigenes Leben führte. Ich war in der Zeit schon durch die Krankheit meines Mannes, die 1977 ausbrach, sehr eingespannt.

Mein Mann hatte einen Hirntumor, einen unheilbaren, inoperablen, der ihm langsam alle seine Fähigkeiten nahm. Das war eine sehr schwierige Zeit. Er

      MATHILDE ERBEN

konnte seinen Beruf noch eine Zeit lang ausüben und wusste nicht, dass seine Krankheit tödlich war. Er starb 1982, fünf Jahre hatte seine Leidenszeit gedauert. Ich bin sicher, dass das die Kinder sehr geprägt hat. Sie hatten natürlich ihren Tagesablauf mit Schule, Musikunterricht, Üben, Tennisspielen und der Jungen Gemeinde. Cornelia war eine glatte Einser-Schülerin. Einmal flog sie fast von der Schule, weil sie gesagt hatte: Wir wollen unseren alten Kaiser Wilhelm wiederhaben. An sich eine blöde Geschichte, aber man hat es sehr ernst genommen. Meine Freunde sagen immer: Ihr wart ja in der DDR privilegiert, weil ihr Musiker wart. Aber was heißt »privilegiert«? Mein Mann bereiste mit dem Gewandhausorchester die ganze Welt, aber natürlich ohne Familie. Und später erfuhren wir, dass unser Hausmeister jedes Mal gefragt wurde: Ist die Ehe in Ordnung? Und ich bekam den Professorentitel erst nach der Wende. Den hätte ich in der DDR nie gekriegt.

Das Verhältnis zu Cornelia hat sich eigentlich auch durch ihre Heirat und Familiengründung nicht geändert. Ich war allerdings auch nie so fixiert auf sie, dass ich gedacht hätte, mir würde ein Stück von ihr verlorengehen, wenn sie heiraten und Kinder kriegen würde. Ich hatte ja immer meine Musik. Auch Cornelia hatte immer die Musik. Sie war eine gute Flötistin, aber entschied sich doch für Biochemie. Es war ein großes Glück, so einen Studienplatz zu bekommen, aber sie hat auch im Studentenorchester als Flötensolistin gespielt. Sie kam abends aus der Vorlesung und spielte jeden Abend von zwanzig bis zweiundzwanzig Uhr Flöte. Zwischendurch hatte sie eine kleine Studentenbude, aber nach dem Tod meines Mannes wohnte sie wieder bei mir, bis sie heiratete.

Ich war für meine Enkel wohl nicht die typische Großmutter in dem Sinne, wie ich meine Großmutter erlebt habe, die uns bestrickte und uns Äpfel schickte. Ich habe die Enkel beobachtet, und manchmal sind wir zusammen verreist. Dabei habe ich immer gedacht: Ach du lieber Himmel, die Conni erzieht ihre Kinder ja ganz anders, als du das gemacht hast. Und habe es akzeptiert. Einmal war ich mit einer Freundin aus Genf bei ihr zu Besuch, und wir gingen von dort in ein Konzert, kamen aber schon in der Pause wieder nach Hause. Wir hatten Cornelia mit ihren Kindern in einem Berg von Abwasch zurückgelassen. Als wir zurückkamen, war der Abwasch immer noch nicht gemacht, und Cornelia saß seelenruhig auf dem Boden und spielte mit ihren Kindern. Da empfand ich großen Respekt für sie. Ich weiß nicht, ob ich das gemacht hätte, ich bin viel strenger aufgewachsen. Aber ich fand es wunderbar und habe sie um diese Lockerheit richtig beneidet.

Die Beziehung zu meiner Enkelin Alma ist mit ihrem Älterwerden enger geworden. Zunächst habe ich manchmal gedacht, dass sie ein bisschen verzogen war. Sie hatte viele Freiheiten, auch was Familienzusammenkünfte betraf. Wenn es ihr nicht gefiel, ging sie weg oder weinte und brauchte dann nicht mit am Tisch zu sitzen. Es ging alles ganz anders zu als bei mir. Aber je älter Alma wurde, desto näher kamen wir uns. Besonders schön fand ich es, als wir vor zwei Jahren eine Frankreichreise machten. Sie war in der zehnten Klasse ein Jahr in Frankreich zur Schule gegangen. Als das Jahr um war, haben Cornelia und ich sie mit dem Auto abgeholt. Diese Reise, wir drei Frauen zusammen, Cornelia, Alma und ich, habe ich sehr genossen. Wie wir in diesen schönen alten Städten, wie Dijon, Nantes, abends bei warmem Wetter draußen zusammensitzen, essen und einen guten Wein trinken konnten, das war wunderbar. Das konnten wir in der DDR-Zeit nicht tun. Wir hatten allerdings immer unser Raguhn, unseren Familientreffpunkt auf dem Land in einem kleinen Ort zwischen Bitterfeld und Dessau.

Wenn ich Alma jetzt sehe, wie sie ihren Weg geht, auch wie sie die Zeit in Frankreich gemeistert hat, das finde ich bewundernswert. Wie sie, die sehr an ihrer Mutter hängt, dieses Jahr mit einer Sicherheit und Reife durchgestanden hat, hat mich beeindruckt. Wie sie ihre musischen Anlagen pflegte und darauf bestand, weiterzumachen. Das hat mir sehr imponiert. Sie hat ihre Zielstrebigkeit sicher von meiner Tochter. Auch die Kondition. Ich staune immer, wie Cornelia mit ihren drei Kindern alles hinbekommen und trotzdem ihre Konzerte durchgeführt hat. Sie musste immer jemanden finden, der so lange auf die Kinder aufpasste.

Natürlich hat man zu seiner Tochter ein besonderes Verhältnis. Aber ich konnte mit allen meinen drei Kindern, Cornelia, Christian und Frank-Michael, wunderbar musizieren. Wir haben jahrelang, eigentlich bis heute, viele Konzerte zusammen gegeben. Cornelia lernte als Erstes Klavier. Das war aber nicht so ihre Sache. Wir hatten auf dem Schlafzimmerschrank eine Flöte liegen. Und das war es. Sie spielte sofort begeistert darauf und erwarb schon mit acht oder neun Jahren ihre erste Goldmedaille damit. Christian gewann mit zwölf bei einem Bach-Wettbewerb ebenfalls eine Goldmedaille, den ersten Preis für Cello, und Frank-Michael spielt heute als Konzertmeister im Gewandhausorchester. Damals schlug uns unsere Konzertagentur vor, mit den Kindern Konzerte zu geben, und das war der Schlager.

Ich weiß nicht, ob in unserer Zeit dieses Sichbeschäftigen mit sich selber so eine wichtige Rolle spielte. Eigentlich weniger. Man musste immer zusehen, dass man mit dem Leben um sich herum einigermaßen klarkam. Ich hörte von bestimmten Familien so dies und jenes und dachte immer: Habe ich es bloß nicht bemerkt, oder sind wir doch weitgehend verschont geblieben? Es ist eine richtige Befreiung, zu sehen, wie bestimmte Prinzipien, die einem auf die eine oder andere Weise beigebracht wurden, anfangen zu funktionieren. Der eine wird sie mit Strenge gelernt haben, der andere mit weniger Strenge. Aber dieses

Prinzip, dass ein Leben eine Form, ein Ziel haben muss, besteht, und dann bekommt man auf einmal auch die Kräfte dazu, um dieses Ziel zu erreichen. Wenn das angelegt ist, auf welche Weise auch immer, wie diese Anlagen zum Leben kommen, sich erweitern und Früchte tragen, das ist eine Freude zu sehen. Das sehe ich bei allen Enkeln, aber bei Alma besonders, weil sie unbedingt in den Beruf der Tänzerin hineinwill. Mit ihrem Abiturnotendurchschnitt von 1,4 hätte sie alles studieren können. Aber sie sagt: Nein, das ist meins, das will ich machen.

Nein, ich erwarte nicht, dass meine Tochter oder Enkel mich einmal pflegen. Ich habe diese Wohnung schon so ausgesucht, dass ich sie noch möglichst lange selber bewirtschaften kann.

Ich finde es wunderbar, ein Glied in der Generationenkette von Frauen mit Tochter und Enkelinnen zu sein. Und je älter ich werde, desto mehr versuche ich, in der Vergangenheit zu forschen. Etwa über meine Großmutter, die Mutter meines Vaters, die Pianistin und mit Gustav Mahler in einer Klavierklasse war. Ich fühle mich wirklich mittendrin.

Wir hatten als Kinder ein Dichterquartett. Und da stand bei Goethe ein Zitat aus seiner *Iphigenie*, das man dann lernen musste: »Wohl dem, der seiner Väter gern gedenkt / der froh von ihren Taten, ihrer Größe / den Hörer unterhält und still sich freuend / ans Ende dieser schönen Reihe sich geschlossen sieht.« Es ist mir eigentlich erst jetzt klar geworden, wie das gemeint ist.

Jahrgang 1956,
Flötistin

*Kinder sind großartig. Je älter ich werde,
desto mehr wird mir das bewusst.*

Als ich Kind war, waren meine Eltern viel auf Konzertreisen unterwegs. Aber es gab eine sehr liebe Nenntante. Sie wohnte gleich um die Ecke, und wir konnten tage- oder auch wochenendweise bei ihr sein. Dabei fühlte ich mich als Älteste immer ein bisschen für die Brüder verantwortlich. Als sie heranwuchsen und ich nicht mehr so richtig als weisungsberechtigt von ihnen anerkannt wurde, sie auch kräftiger wurden, fühlte ich mich manchmal überfordert. Aber ich sah bei meiner Mutter oder bekam unbewusst schon als Kind mit, dass sie für alles, was im Haushalt anfiel, verantwortlich war. Mein Vater war der Künstler und meine Mutter, obwohl ebenfalls Künstlerin, die Managerin für alles. Diese Beobachtung führte mich mit sieben Jahren zu einer Bitte, über die ich damals selber erschrak: Mutti, bevor du stirbst, musst du mir noch den Kochherd erklären. Ich hatte regelrecht Existenzangst, weil ich dachte, wenn meine Mutter nicht mehr ist, wer kocht dann? Keiner in der Familie außer mir war dazu in der Lage, denn meine Mutter kümmerte sich um alles, was den häuslichen Alltag betraf. Das hat mich sehr geprägt: die Fäden in der Hand zu halten, mir eine gewisse Arbeitsdisziplin anzueignen. Ich hatte mal einen Freund, der sagte: Du bestehst vor allen Dingen aus drei Komponenten: Üben, Streben, Ordnungmachen. Das war mein Muttervorbild. Sie schaffte alles nur, wenn es Struktur hatte.

Mutter wollte ihren Beruf ausüben, und dadurch hatte sie mit meinem Vater eine ganz wunderbare Beziehungsebene. Bei meinen Eltern habe ich gesehen, wie ein Musikeralltag abläuft. Mein Vater war viele Jahre Solocellist am Gewandhaus und ständig unterwegs. Und obwohl ich, solange ich denken kann, Musik gemacht habe, entschied ich mich damals dagegen. Ich wollte Zeit für eine Familie haben. Also entschied ich mich für Biochemie, in der die Arbeitszeiten gut geregelt waren, und die Musik wurde mein Hobby.

Während des Studiums war das kein Problem. Es gab in Leipzig ein Studentenorchester, in dem ich viele Jahre als Soloflötistin mitgewirkt habe. Als ich heiratete, die drei Kinder kamen und wir aufs Land zogen, war das nicht mehr zu vereinbaren. Die Kinder brauchten mich, und die Biochemie fesselte mich nicht mehr. Also habe ich freiberuflich als Musikerin gearbeitet, Konzerte gegeben, sofern das mit allem anderen zu vereinbaren war.

Als die Kinder dann in die Schule gingen, habe ich mich an der Hochschule für Musik eingeschrieben, um endlich das nachzuholen, was ich eigentlich schon damals gerne getan hätte, nämlich ein Musikstudium. Das hat mir viel Freude gemacht. Die Flöte ist mein Instrument. Meine Mutter war eine wunderbare Pianistin, mein Vater und meine Brüder spielten Streichinstrumente. Die Querflöte war ein Blasinstrument, das keiner in der Familie spielte. Es gab schöne Auftrittsmöglichkeiten mit der Familie, das gemeinsame Musizieren hat immer großen Spaß gemacht. Ich habe eine Menge dabei gelernt: aufeinander einzugehen, zu hören, sich einzuordnen, im Zusammenspiel zu disziplinieren.

Auch als ich älter wurde, wohnte ich noch zu Hause. Das war in der DDR nicht selten. Wir hatten eine große Wohnung, ich hatte ein eigenes Zimmer. Wenn man im Heimatort studierte oder arbeitete, gab es keinen Grund, ein

Zimmer zu beantragen, geschweige denn zu bekommen. Ich hatte aber durchaus Abnabelungsbestrebungen, die sich zwar nicht im häuslichen Zusammenleben äußerten, aber darin, welche Freunde ich mir suchte. Ich hatte damals
einen Freund, der auch Musiker war, aber in der Unterhaltungsmusikszene.
Zu ihm fühlte ich mich sehr hingezogen, weil er einen total anderen Lebens-
stil hatte. Da war nicht dieses Üben-Streben-Ordnung-Prinzip. Man lebte ein
bisschen in den Tag hinein und ließ sich inspirieren. Er lebte in Leipzig und
studierte an der Hochschule für Musik. Das hat meine Mutter mit sehr viel
Skepsis betrachtet. Ich habe sie aber nicht so sehr ins Vertrauen gezogen. Ich
hatte immer das Gefühl, dass sie zu beschäftigt für meine Schul- oder Bezie-
hungsprobleme war. Ich war zum Beispiel einmal kurz davor, von der Schule
zu fliegen, weil ich ein paar Äußerungen getan hatte, die nicht ins sozialistische

Bild passten. Das Schlimmste für mich war, dass meine Eltern das herauskriegten. Ich wollte sie mit solchen Geschichten nicht belasten.

Ich hatte dann doch das große Bedürfnis, von zu Hause auszuziehen, und bin illegal in eine Rumpelbude gezogen, die kurz vor dem Abriss stand. Das hat meine Mutter in der Phase, als es meinem Vater langsam immer schlechter ging, nicht verstanden. Wir erfuhren 1976, dass er einen Hirntumor hatte, erst 1983 ist er dann gestorben. Ich wohnte nur zehn Minuten von zu Hause entfernt, kam auch öfter zum Duschen, aber sie war sehr verzweifelt, dass ich sie so im Stich ließ. Im selben Jahr, als mein Vater starb, heiratete ich, und kurze Zeit später zogen wir nach Bad Dürrenberg.

Eigentlich hat sich am Verhältnis zu meiner Mutter grundsätzlich nichts geändert. Ich achte und schätze sie als eine sehr disziplinierte Frau. Eine, die immer wieder Fragen stellt. Mit zunehmendem Alter muss man sehr genau und kurz auf ihre Fragen antworten, darauf achtet sie fast ein bisschen militärisch. Aber was ich an ihr besonders schätze, ist, dass sie immer neugierig ist, wie es uns geht, und sich auch politisch interessiert. Meine Mutter hätte gerne Geschichte studiert, was zu Zeiten des Sozialismus nicht möglich war, weil sie nicht aus einer Arbeiterfamilie stammte. Sie hat auch versucht, ihre eigene Geschichte aufzuarbeiten. Sie wollte herausbekommen, was es mit ihrem Vater auf sich hatte, der aus Wien kam und seinen Namen abgelegt hatte. Das verfolgte sie über mehrere Jahre hinweg. Das finde ich bewundernswert, wie sie sich auf den Weg macht, nicht lockerlässt und den Dingen auf den Grund geht. Meine Mutter ist ein Mensch – das kenne ich auch von mir –, der vieles mit sich selbst klärt. Ich bespreche also eher Dinge mit ihr, die ich für mich schon geklärt habe, und höre, inwieweit sie das befürwortet oder was sie einzuwenden hat. Aber ich denke, sie akzeptiert meine Entschlüsse und Verhaltensweisen im Großen und Ganzen.

Was ich erst durch meinen Mann kennengelernt habe, ist, dass man auch in der Familie – oder gerade in der Familie – über Konflikte reden und sie bewältigen muss. Ich erinnere mich an den Satz meiner Mutter, oft wiederholt: Am Tisch wird nicht gestritten, und für Streit und Auseinandersetzungen hat Friedemann keine Nerven, keine Kraft und keine Zeit. Es sollte immer friedlich und still sein. Sicher hat mein Vater die Zeit, Kraft und Nerven nicht gehabt, aber man muss doch üben, Konflikte zu bewältigen – das gab es bei uns zu Hause nicht. Probleme anzusprechen habe ich erst durch meinen Mann Johannes gelernt.

Sicher habe ich als junge Frau meine Rolle in der Ehe von meiner Mutter übernommen, indem ich beispielsweise für den Back-Stage-Bereich zuständig war. Das war aber in der Situation, in der Johannes sich nach unserer Hochzeit befand, ganz zwingend. Er hatte in seiner ersten Pfarrstelle drei Gemeinden zu versorgen, war damit eigentlich überfordert und im Haushalt überhaupt nicht einsetzbar. Obwohl er es sicher gemacht hätte. Aber ich habe nicht mit meiner Rolle gehadert. Ich bin heute glücklich, gerade diese frühe Zeit mit den Kindern zu Hause erlebt zu haben. Da habe ich meiner Mutter etwas voraus. Sie war froh, als sie an der Hochschule eine Stelle bekam, und sah die Chance, beruflich weiterzukommen. Jetzt in der Rückschau betrachte ich mich durchaus als privilegiert und umso mehr privilegiert, als ich später die Chance bekam, doch noch in den Beruf als Musikerin einzusteigen. Darin hat meine Mutter mich sehr bestärkt. Ich glaube, die Phase, als ich nur zu Hause war, sah sie eher skeptisch.

Bei Alma brauche ich nur ihr Geburtsjahr zu nennen: 1989. Es war der denkbar schlechteste Zeitpunkt, ein Kind in die Welt zu setzen. Es war sehr turbulent damals. Hinzu kam, dass mein Mann und ich im Oktober 1989 gemeinsam eine Reise in den Westen genehmigt bekamen, weil die Schwester meiner Mutter fünfundsechzig wurde. Ich hatte also kurz vor der Entbindung meinen ersten Westschock und dachte, wie kannst du ein Kind in die Welt setzen, wo alles drunter und drüber geht? Wir wussten ja im Oktober 1989 noch nicht, wie alles ausgehen würde. Die Reise fand um den 12. Oktober herum statt, als es hier richtig brodelte, und ich fühlte mich zu diesem Zeitpunkt an einem denkbar falschen Platz. Irgendwie gehörte ich da überhaupt nicht hin, und wir wussten, wir fahren zurück, obwohl sich alle an den Kopf fassten.

Ich fuhr nach dieser Woche im Westen alleine zurück und hatte das erste Mal in meinem Leben so starke Kopfschmerzen, dass ich dachte, das war wirklich der falsche Ort zum falschen Zeitpunkt. Ja, und dann ist Alma am 30. November, also nach dem Mauerfall, gekommen, und ich wusste: Besser hätte es gar nicht sein können. Das war eine aufregende Zeit, ich hatte immer das Radio

  CORNELIA TOASPERN

laufen. Ich sah mein Kind im Bettchen und dachte: Welch ein anderes Leben wird sie haben!

Meine Mutter ist nicht der Typ, der mit kleinen Kindern umgehen kann, zum Beispiel Babys hüten oder so etwas. Das wusste ich von Anfang an und habe sie nie einbezogen. Wir haben sie gerne mal besucht, und sie hat versucht, ihren Haushalt ein wenig kinderfreundlicher einzurichten. Aber die Kinder fühlten sich immer ein bisschen auf Besuch bei ihr. Wir hatten das Privileg einer großen Pfarrerswohnung. Es gab wenige Familien, die über so viel Platz verfügten, wenn sie eine Familie gründeten. Alma war immer anders als die anderen beiden. Bei ihr ist ganz extrem zu spüren, mit welcher Selbstsicherheit und Selbstorganisation sie die letzten Jahre gemeistert hat. So war sie nach der zehnten Klasse sehr unzufrieden mit ihrem Gymnasium. Sie ging dann erstmal für ein Jahr nach Frankreich, und während dieses Auslandsaufenthalts regelte sie per E-Mail, auf welche Schule sie danach wechseln konnte. Das hat sie völlig selbstständig hingekriegt, darauf war sie auch stolz, und ich fand es eine tolle Leistung.

Nach dem Abitur entschied sie sich nach reiflicher Überlegung für das Tanzstudium. Meine Mutter fragte skeptisch, ob das denn wirklich das Richtige wäre. Aber ich habe aus eigener Erfahrung gelernt, dass man das, was einem richtig Spaß macht, tun muss. Meine Eltern und meine Flötenlehrerin haben mich damals überhaupt nicht darin bestärkt, Musik zu studieren. Meine Mutter hat gleich abgewunken: brotlos und schlechte Stellenchancen. Darum habe ich Alma in ihrer Entscheidung unterstützt. Ich fand es bewundernswert, mit welcher Zielstrebigkeit sie die vielen Hochschulen abklapperte, um sich zu bewerben. An so etwas merke ich dann, wie ernst es ihr damit ist. Ich bin stolz und erstaunt, wie sie mit allem umgeht, was auf sie einstürmt, wie sie herausfiltert, was für sie wichtig ist. Das ist nicht mit unserer Zeit vergleichbar.

Ich bin der Meinung, was ich ihnen bis zum neunten Lebensjahr nicht vermittelt habe, ist später nicht mehr nachzuholen, deswegen bin ich auch froh, dass ich in der Kinderphase zu Hause war. Wir hatten keinen Fernseher und haben bewusst versucht, die freie Zeit gemeinsam zu verbringen. Das haben die Kinder als einen Wert verinnerlicht, und es gibt gewisse Rituale, wie zu Weihnachten, die werden gefeiert und durchgeführt. Mit allem, was sie sonst so machen, etwa bis früh um vier Uhr eine Kneipentour durchziehen oder die Bachelor-Arbeit bis auf den letzten Drücker rausschieben und dann früh um sieben Uhr abgeben, damit müssen sie alleine klarkommen. Das ist nicht meins, aber sie sind schon sehr verantwortungsbewusst, denke ich.

Wir machen selten etwas zu dritt, meine Mutter, Alma und ich. Einmal sind wir nach Wittenberg zu einer Schauspielveranstaltung eines Freundes von

Alma gefahren. Die dauerte ziemlich lange, war erst um Mitternacht zu Ende. Wir mussten mit Klappstühlen an verschiedene Orte ziehen, und meine Mutter machte das mit ihren fast achtzig Jahren voll mit. Das hat uns dreien Spaß gemacht. Und einmal sind wir zusammen nach Frankreich gefahren. Aber das sind eher Ausnahmen.

Ich bin stolz auf meine Tochter. Ich amüsiere mich köstlich, wenn sie sich manchmal so aufbrezelt. Als sie mit ihrer Cousine zum

   CORNELIA TOASPERN

Opernball ging, standen sie drei Stunden vor dem Spiegel. Als sie loszogen, hätte ich gerne Mäuschen gespielt. Das ist eine andere Generation. Meine Mutter nahm mich einmal zu einem Opernball nach Berlin mit, wo mein Vater als Solocellist spielte. Ich habe mich zu Tode gelangweilt. Sie hatte bestimmte Vorstellungen, zum Beispiel, was Kleidung betrifft. Ich weiß noch, sie hatte mir ein Kleid schneidern lassen, das ich schrecklich fand. Ich musste immer das tragen, was sie für schön befand und was ich oft überhaupt nicht mochte. Das waren andere Zeiten. Bei meinen Kindern konnte ich das schon ziemlich bald nicht mehr bestimmen. Sie haben einfach nicht angezogen, was ich ihnen aussuchte. Sie waren nicht eitel; wenn sie etwas brauchten, schneiderten sie es sich selber.

Je älter ich werde, desto bewusster wird mir das Eingebettetsein in eine Familientradition. Ich habe diese Urlaube in Raguhn immer sehr genossen. Man fühlte sich dort so aufgehoben. Es ist ein Grundstück bei Dessau, das mein Großvater seinerzeit erworben hat, um die Obstbäume für seine Saftfabrik zu nutzen, aber auch als Erholungsort für die Familie. Und so hat er ein Schwimmbassin und einen Tennisplatz gebaut zu einer Zeit, mitten im Krieg, in der man eigentlich an alles andere dachte als an so etwas. Das war sehr vornehm und großbürgerlich, aber so war er veranlagt. Kurz nach Kriegsende, als abzusehen war, dass es zu Enteignungen kommen würde, hat meine Oma das Firmengelände in ein Privatgrundstück umgewandelt, und dort ist bis heute unser Familienort, zu dem wir alle regelmäßig hinpilgern. Wenn ich meinen Großvater, der das gekauft und die Kirschplantage angelegt hat, als die erste Generation ansehe, dann ist die Generation meiner Eltern die zweite, und wir sind die dritte. Unsere Kinder sind die vierte Generation.

Dass Alma nun aus dem Haus ist, ist noch gewöhnungsbedürftig. Ich habe sie mit ihrem bisschen Mobiliar nach Frankfurt gefahren, dort haben wir zwei IKEA-Schränke aufgebaut, ich habe bei ihr übernachtet und bin am nächsten Tag nach Hause gefahren. Da hatte ich schon ein bisschen Wehmutsgefühle.

Meine Mutter ist eher diejenige, die vorsorgt. Sie hat zum Beispiel eine Patientenverfügung verfasst und will so lange, wie es geht, unabhängig in ihrer Wohnung leben. Da hat sie alles so eingerichtet, dass das machbar ist. Aber mehr haben wir noch nicht angesprochen.

Ich denke langsam daran, wie es sein wird, selbst Großmutter zu sein, auch wenn das sicher noch eine Weile dauert. Kinder sind großartig. Je älter ich werde, desto mehr wird mir das bewusst. Ich male mir aus, wenn ich so Kleine sehe: Das könnte dein Enkel sein. Der sieht ja aus wie Franz, sieht die aus wie Alma, sieht sie aus wie Nora? Ich bin da sehr neugierig und kann es mir richtig gut vorstellen.

   CORNELIA TOASPERN

Jahrgang 1989,
Studentin des Zeit-
genössischen und
Klassischen Tanzes

*Meine Mutter hat mich
einfach gelassen, wie ich bin.*

Meine Mutter war nie eine Person, die einen zu irgendetwas zwingt. Dafür bin ich ihr extrem dankbar. Natürlich
hat sie ihre Eigenarten, wie jeder, aber die bringt sie so
charmant rüber, dass man sie ihr nicht übelnehmen kann.
Sie hat zu allem eine sehr resolute Meinung, kann sich aber
auch andere Meinungen gut anhören und mit anderen tei-
len. Das habe ich an ihr geliebt, dass sie eine Mutter ist, zu der man mit allem
kommen, der man von sich erzählen konnte und nicht damit rechnen musste,
auf eine unumstößliche eigene Meinung zu stoßen.

Ich konnte und kann mit Mutti über alles reden. Sie ist eine kluge Frau. Ich
fühle mich bei ihr total aufgehoben, auch wenn unsere Meinungen manchmal
völlig auseinandergehen. Ich habe ihre Ratschläge früher schon gerne angenommen – angenommen und nicht unbedingt auch umgesetzt, aber doch erstmal verstanden. In der Pubertät gab es natürlich Abnabelungprozesse, aber
nie sehr tiefgehend. Probleme habe ich eher mit mir alleine ausgemacht. Ich
muss sagen, dass meine Eltern wirklich ein Idealbild von Eltern sind. Es musste nicht immer alles idyllisch und harmonisch sein, sie haben uns sehr früh
selbstständig werden lassen und mich gelassen, wie ich bin, und das finde ich
schön.

Mutti ist in vielem Vorbild; was ich allerdings ablehne, ist ihre Art, manchmal die Augen vor Sachen zu verschließen, die vielleicht einer genaueren Be-
trachtung bedürfen. Sie hat ein Talent dazu, sich die Dinge ein bisschen zu-
rechtzulegen. Mein Vater ist als Pfarrer eher der Mensch, der über Probleme
spricht, denen meine Mutter lieber ausweicht. Das liegt aber sehr in der mütterlichen Familie. Ich nehme beides wahr. Was ich an Mutti sehr schätze, ist

ihre unkonventionelle Art, Mutter zu sein. Irgendwie passt zu ihr das Wort »gewitzt« – so ist sie. Sie ist zwar zu Hause geblieben, weil meine Schwester als Kind oft krank war, aber sie war nie eine Zu-Hause-bleib-Mutti-Mutter. Sie absolvierte nebenbei ihr Musikdiplom, sie war ja vorher Biochemikerin – aber sie war immer für uns Kinder da, ohne uns zu verhätscheln.

Für ihr Alter hat sie sich super gehalten. Sie lässt sich nicht in irgendwelche Formen und Traditionen pressen. Was in unserer traditions- und imagereichen Familie manchmal der Fall ist. Man fragt: Was hast du gemacht, mit wem hast du zusammengearbeitet, und worin warst du toll? Mutti hat viele Preise gewonnen und ihre Doktorarbeit in Biochemie mit »cum laude« abgeschlossen, aber sie macht nicht viel Aufhebens davon. Trotzdem hat sie es drauf. Das mag ich. Ja, sie ist für mich Vorbild, mit den genannten Einschränkungen. Was sie tagtäglich leistet, ist wirklich beeindruckend.

Das Erziehen zur Selbstständigkeit hat natürlich auch den Hintergrund, dass sie immer so viel gemacht hat und nicht viel Zeit hatte. Aber ich habe das nur sehr selten, nur in der Pubertät, als Mangel an Liebe empfunden. Ich spürte, dass sie mir viel zutraute, und dadurch habe ich es mir selber auch zugetraut. Als Jüngste hatte ich noch mehr Freiheiten als die älteren Geschwister. Ich hatte früh eine große Leidenschaft fürs Tanzen, ich liebe das Tanzen, aber für mich bedeutete tanzen immer improvisieren und einfach alles rauslassen, der Musik entsprechend, die gerade erklingt. Ich wollte es nie in irgendeine Form pressen, und vor allem weil ich nur klassischen Tanz kannte, habe ich es abgelehnt, Tänzerin zu werden. Dieses steife In-eine-Form-gepresst-Werden war überhaupt nicht mein Stil. Erst in Frankreich habe ich zwei Stücke gesehen, die mich unglaublich berührt haben. Da wusste ich, dass ich ohne Tanzen nicht leben kann.

    ALMA TOASPERN

Allerdings hatte ich oft Zweifel: Was bringt es mir, was bringt es der Gesellschaft, und warum mache ich das Tanzen überhaupt? Diese brotlose Kunst. Da war meine Mutter genau die richtige Ansprechpartnerin. Sie hat ja zuerst Biochemie studiert. Ich frage mich, ob sie Biochemie gerade aus dem Grund gewählt hat, weil ihre Familie hohe Erwartungen in sie setzte, auch eine bekannte Musikerin zu werden wie ihre Eltern. Aber über Umwege ist sie dann doch wieder bei der Musik gelandet, weil ihr Herz es wollte. Wenn ich mit solchen Zweifeln kam, dann sagte sie, es ist Quatsch, etwas zu machen, was dein Herz nicht will. Sie und natürlich auch mein Vater haben mich immer in dem unterstützt, was ich vorhatte. Ich wollte zunächst Schauspielerin werden. Sie haben nie gesagt: Studiere etwas Ordentliches. Sondern sind zu den Auftritten gekommen oder haben gesagt: Super, du hast einen Auftritt. Dann mach das. Oder wenn ich am nächsten Tag eine Klausur schreiben musste und vorher lange Probe hatte, haben sie nie gesagt: Aber Alma, du schreibst morgen eine Klausur, du musst lernen, sondern: Ach Kind, soll ich dir etwas zu essen kochen?

Meine Großmutter ist in jeder Hinsicht eine beeindruckende Frau. Sie ist fast achtzig Jahre alt und fit wie ein Turnschuh. Physisch und im Kopf sowieso. Sie bildet sich weiter, sie weiß so viel, war an so vielen Orten, sie ist einfach eine sehr gebildete Frau. Und sie ist bestrebt, ihr Wissen an ihre Familie weiterzugeben und zu verfolgen, was unsere Generation macht. Sie spielt immer noch wunderschön Klavier. Ich höre meine Oma gerne Klavier spielen. Es gibt einmal im Jahr ein sogenanntes Karpfenessen, ein großes Familienfest. Dabei haben früher alle Musiker gespielt, die Kinder haben Theaterstücke aufgeführt. Wenn wir Kinder uns zu sechst oder siebt in mein Zimmer eingeschlossen haben und *Frau Holle* einstudierten, das wir dann am Abend vorführten, das war wirklich schön. Und besonders schön war Omas Klavierspiel.

Mir ist eine Begebenheit gut im Gedächtnis geblieben. Ich kann noch nicht sehr alt gewesen sein. Meine Großmutter hat versucht, mir das Schleifebinden beizubringen. Dabei war sie sicher sehr ambitioniert, dass ich das gut hinbekomme. Aber ich war nicht so ambitioniert und habe es nicht gelernt. Das war dann eine etwas komplizierte Angelegenheit. Ich glaube, ich habe aufgegeben, und da waren wir beide am Ende nicht sehr glücklich. Meine Großmutter ist für mich insofern ein großes Vorbild, als sie eine sehr disziplinierte Frau ist. Damals hatte sie drei Kinder und war trotzdem noch Dozentin an der Musik-

hochschule und Konzertpianistin. Ich hätte manchmal gerne nur einen Teil davon, weil ich in meinem Beruf viel Disziplin brauche. Ich muss manchmal beim Erlernen bestimmter Techniken einfach üben, üben, üben. Einfach nur strikt üben, das kann sie sehr gut, glaube ich. Wovon sie vielleicht zu viel hat, davon hätte ich manchmal gern ein bisschen mehr.

Zwischen uns beiden liegen so viele Jahre. Oma hatte damals viel schwierigere Bedingungen als ich, sie musste sich durch viel mehr durchbeißen und hat es trotzdem geschafft. Sie musste eben. Ich finde es manchmal furchtbar, dass meine Befindlichkeiten mich davon abhalten, so wie sie strikt bei der Sache zu bleiben. Diese Disziplin hat natürlich Vor- und Nachteile. Was ich ablehne, ist die Kehrseite der Medaille. Ich meine, jetzt braucht sie eigentlich die Disziplin nicht mehr. Man guckt zu der Großmutter auf, sie ist wirklich beeindruckend als Persönlichkeit, aber man spürt nicht diese großmütterliche Wärme. Sie backt Plätzchen und erfüllt die Rolle der Großmutter. Sie schreibt mir Briefe oder schickt mir mal ein Päckchen, das ist wirklich sehr liebevoll. Aber diese Disziplin bei einer Frau ihres Alters ist manchmal etwas unheimlich. Sie ist kantig und nicht so eine Kuscheloma.

     ALMA TOASPERN

Wenn ich Rat brauche, gehe ich natürlich zu meiner Mutter. Erstens ist meine Mutter näher dran an dem, was mich bewegt, und zweitens möchte meine Großmutter, wenn ich von meinen Problemen erzähle, mir helfen, indem sie von sich erzählt und davon, wie es ihr damals ging. Aber sie lebte in so anderen Verhältnissen, das kann man nicht mehr gleichsetzen. Dennoch interessiert mich sehr, wie sie gelebt hat. Ich weiß, wie meine Großmutter jetzt ist, und ich kenne sie ja nur als Großmutter. Ich würde gerne wissen, wie sie als jemand war, der noch selber mitten im Arbeitsleben und im Entdecken stand. Jetzt kann sie rückblickend erzählen, was damals, 1900-so-und-so war, nur fehlt mir an den Erzählungen dieses Nah-am-Geschehen-Sein. Weil es so lange her ist, erinnert sie sich natürlich eher an die Fakten. Mich würden die Verquickungen interessieren, und wie es zu etwas kam. Wenn wir uns unterhalten, schweift das Gespräch ab dahin, wen sie damals gekannt, mit wem sie musiziert hat. Und das sagt mir nichts. Aber wenn sie von Zeiten erzählt, die ich nur aus dem Geschichtsunterricht kenne, finde ich es wieder richtig spannend. Aber viel wird darüber nicht gesprochen. Vielleicht weil ich nicht frage.

Als ich anfing zu studieren, habe ich Oma einen Brief geschrieben, weil ich das mit der Disziplin merkte und ihr erzählen wollte. Das hat sie wohl auch gefreut. Sie schrieb mir zurück und schickte mir ein Päckchen. So etwas geschieht eher selten, aber wenn, dann ehrlich. Wir waren auch mal zu dritt zwei Wochen mit dem Auto auf Reisen in Frankreich: Oma, meine Mutter und ich, wir drei Generationen. Da gab es einige Reibereien, aber wir haben es zwei Wochen lang miteinander ausgehalten, uns auch auseinandergesetzt. Das geschieht selten, aber wenn, dann richtig.

Mir ist bewusst, dass ich zu einer großen Familie gehöre, sowohl auf der mütterlichen Seite als auch väterlicherseits. Aber ich möchte mich in keine Tradition oder in keine Rolle projiziert sehen. Wenn ich Klempnerin werde, dann werde ich Klempnerin und mache nicht, weil in meiner Familie vorher tolle Musiker waren, auch etwas in der Richtung. Aber wenn ich die Musikrichtung einschlage, dann, weil mein Herz es mir sagt und nicht, weil es mir meine Familie sagt.

MARA FRANK

CORA BETHKE-FRANK

ROSI BETHKE

Jahrgang 1935,
Sportlehrerin

ROSI BETHKE

Ich weiß, dass ich beschützt bin.

Cora war ein ausgesprochenes Wunschkind, und wir freuten uns sehr, dass es ein Mädchen war, weil wir schon einen Jungen hatten. Mein Mann arbeitete damals bei der Bundeswehr in Schongau, und wir hatten eine kleine Wohnung. Aber es war wunderbar mit den beiden Kindern, und obwohl wir uns sehr beschränken mussten, war es eine schöne Zeit. Eineinviertel Jahre später wurde schon die nächste Tochter geboren. Ich war sehr autoritär und streng. Kinder müssen Grenzen erkennen, sie müssen wissen, wie weit sie gehen können. Es muss Regeln geben, die einzuhalten sind, und wenn nicht, hat es Konsequenzen. Ich habe später eine Sportausbildung gemacht und in Oberstdorf am Gymnasium Sport unterrichtet und war auch dort sehr streng. Aber die Kinder haben mich trotzdem geliebt, weil ich gerecht war. Es ist wichtig, Strenge mit Wärme zu verbinden.

Cora war als kleines Kind sehr lebhaft und sehr liebesbedürftig. Sie hatte keine Scheu, auch Fremden die Hand zu geben und mit ihnen zu gehen. Wir sind dann ins Allgäu gezogen, in eine schöne Wohnung, in der ich heute noch wohne. Als sie in die Schule kam, gab sie sofort der Lehrerin die Hand und ließ sie gar nicht mehr los. Cora war wissbegierig und lernte sehr gut und leicht. Als Jugendliche arbeitete sie in den Ferien und verdiente sich auf diese Weise das Geld für ihren Führerschein und für Reisen. Sie wollte Stewardess werden und ging das zielstrebig an. Sie war immer sehr präsent. Ihre Schwester sagt: Wir betreten einen Raum, Cora erscheint. Sie repräsentierte, was ich als junges Mädchen sein wollte. Diese Möglichkeiten von der Schule und vom Elternhaus her, ihre Intelligenz und Schönheit – es war eine Freude, das mitzuerleben.

Cora und ich hatten immer eine sehr innige Verbindung, die mit den Jahren eher tiefer und reifer geworden ist. Als mein Mann gestorben war, fuhr Cora direkt nach der Landung zu ihrer Wohnung in Frankfurt, stieg ins Auto und kam zu mir. Das fand ich wunderbar. Jahre später hat sie zu mir gesagt: Mami, du hast nie richtig mitgekriegt, dass ich auch um Papi getrauert habe. Ich bin zu dir gekommen, weil ich wusste, dass du traurig bist.

Sie lernte Robert, ihren Mann, schon auf dem Gymnasium kennen. Cora musste nach Oberstdorf aufs Gymnasium, weil Sonthofen keines hatte. Weihnachten war Robert immer bei uns, weil wir eben eine Familie waren und seine Eltern als Hotelbesitzer gerade Weihnachten keine Zeit hatten. Cora und Robert sind jetzt seit fünfundzwanzig Jahren verheiratet, und ich habe mit meinem Schwiegersohn noch nie ein böses Wort gewechselt, das ist ein großes Glück.

Meine Tochter erzieht ihre Kinder wesentlich humaner als ich. Ich sage ihr manchmal: Es ist kein Wunder, wenn die Kinder so schlampig sind, sie müs-

sen keine Konsequenzen fürchten. Aber eigentlich geht es mich nichts mehr an. Obwohl Kinder andererseits Ordentlichkeit immer im Leben brauchen. Ich komme zweimal in der Woche zu Cora nach Hause, bügele Wäscheberge für sechs Personen weg, koche, und wenn die Kinder von der Schule kommen, sitzen wir zusammen und essen. Cora sagt dazu: Ach, Mami, Dienstag und Freitag sind »Wow«-Tage. Das ist schön für mich, ich bin auch mittendrin im Geschehen, weiß, was passiert, zum Beispiel, ob eins der Kinder gerade verliebt ist.

Als Cora ihr viertes Kind verlor, hat Robert mich angerufen, und ich bin in die Klinik gekommen. Die drei Kinder und Robert hockten draußen im Gang vor Coras Zimmer. Es war eine Bilderbuchschwangerschaft gewesen, alles wunderbar, und dann geht sie zum Arzt, und er sagt, er höre keine Herztöne. Da geht sie nach Hause, nimmt ihr Köfferchen, sagt niemandem etwas, begibt sich ins Krankenhaus und muss ein totes Kind auf die Welt bringen. Jedenfalls bin ich dann hineingegangen und habe Cora umarmt, und sie hat geweint. Jahre später hat sie mir gesagt: Mami, weißt du, dass ich dir das übelgenommen habe? Ich war noch trauriger, weil du nicht nach meinem Kind gefragt hast. Ich verstand ihre Anschuldigungen. Aber für mich war einfach nur wichtig, dass sie lebte und für sie alles gutgegangen war. Im Nachhinein hat es mir wahnsinnig leidgetan, weil ich ihren Schmerz noch verstärkt habe.

     ROSI BETHKE

Als Mara zur Welt kam, haben wir Cora unmittelbar nach der Geburt besucht. Ich konnte nur sagen: Mein Gott, ist das Kind schön! Schwarze Haare, dunkle Augenbrauen, ein wunderschönes Gesichtchen, nichts Angestrengtes. Das war so ein herrliches Gefühl, und das Mädchen war und ist ein Traum. Mara ist eine Variante von Cora. Sie ist schön, außen und innen. Mit Mara verbindet mich eine enge Beziehung. Sie ist mein erstes Enkelkind, und sie ist etwas ganz Besonderes. Großmutter, ruft sie immer, Großmutter, was soll ich mit diesem Kerl tun? Wenn alle am Tisch sitzen und ich sage: Und, decken wir den Tisch ab?, springt sie auf und meint: Ja, ich will, dass es sauber ist, wenn die Mami kommt. Sie läuft sofort, setzt sich für andere ein und bleibt selbst im Hintergrund. Sie ist nicht so streng wie Cora und ich, sie ist sanfter. Aber sie lernt, sich durchzusetzen. Jetzt im Studium in Innsbruck muss sie sich mit ihrem Umfeld auseinandersetzen, und das ist sehr gut. Wir sprechen über alles, aber genauso mit meiner Tochter. Ich bin glücklich und dankbar für meinen Lebensweg und dafür, was der Schöpfer für mich bereithält, obwohl ich schon mit vierundvierzig Jahren Witwe wurde. Cora meint: Mami, du bist gesegnet.

Gestern hat Maras Schwester Lea mit einer Riesenparty ihren achtzehnten Geburtstag gefeiert. Es war selbstverständlich, dass ich auch kam. Wo gibt es heute Kinder, die ihre Großmutter auf eine Party mitnehmen? Eine kleine Geschichte verdeutlicht die Generationenkette: Coras Jüngster kommt von der Schule nach Hause, ich umarme ihn und hebe ihn ein wenig hoch. Oh, sage ich, du bist aber schwer geworden, ich kann dich nicht mehr lange tragen. Da antwortet er: Das macht nichts, Rosi, dann trag ich dich.

Ich weiß, dass meine Kinder für mich sorgen werden, wenn ich bedürftig werde. Ich spüre nicht eine Sekunde Angst davor, alt und gebrechlich zu werden. Ich treibe immer noch Sport. Das ist spürbar, in meinem Kopf, in meinem Körper. Ich habe keine finanziellen Probleme und eine schöne Wohnung hier in Sonthofen. Ich habe liebe Freunde und seit neunzehn Jahren einen Freund. Eine leidenschaftliche, große Liebe, er ist fünfzehn Jahre jünger. Wir leben nicht zusammen, und wenn wir uns treffen, ist es ein Fest. Meine Kinder akzeptieren ihn voll und ganz. Ich weiß, dass ich beschützt bin. Ich bin jeden Tag dankbar, weil ich weiß: Dass es so ist, ist nicht selbstverständlich.

Jahrgang 1959,
Hotelkauffrau

Aus allem etwas Positives herausholen.

Was ich an meiner Mutter schon als Kind sehr geliebt habe und auch heute noch liebe, ist ihre Lebendigkeit. Sie ist immer fröhlich, aktiv und zupackend. Ich denke, das hat der liebe Gott auch mir mitgegeben, und deswegen haben wir uns wohl auch immer gut verstanden. Ich wurde zwar sehr streng erzogen, aber mit viel Liebe. Sie unterrichtete Sport, und meine Schwester und ich waren in ihrem Unterricht dabei, besonders Kunstturnen habe ich bei ihr trainiert. Durch die Pubertät bin ich ziemlich problemlos gekommen, aber als ich mein Abitur in der Tasche hatte, wollte ich unbedingt weg. Obwohl wir so eng zusammen waren, war der Zeitpunkt gekommen, meinen Koffer zu packen und nach England zu gehen. Ich wollte Stewardess werden und dafür meine Sprachkenntnisse vervollkommnen. Es hat mir zuerst schier das Herz gebrochen, weit weg von zu Hause zu sein, und das auch noch im November. Weihnachten ohne meine Familie war ein Alptraum. Aber es war die richtige Entscheidung, so etwas macht einen stärker. Man muss irgendwann die Verantwortung für sich selber übernehmen.

Als mein Vater starb, war ich gerade nach Frankfurt gezogen und hatte das Gefühl, meine Mutter in ihrem Schmerz alleinzulassen. Von da an haben wir bis zu meiner Heirat einmal im Jahr eine Woche Urlaub zusammen gemacht. Meine Mutter lebt immer noch in Sonthofen, wo ich groß geworden bin. Dort sind meine Wurzeln, und dass die noch vorhanden sind, ist ein schönes Gefühl. Aber der Abstand ist auch gut, weil wir beide dominant sind. Meine Mutter ist so temperamentvoll, dass sie schon einmal auf den Tisch haut oder schimpft. Ich habe lange gebraucht, bis ich das Gefühl hatte, dass ich ihr gewachsen war. Sie ist eine starke Frau; auch wenn sie keine gute Ausbildung hatte, hat sie im-

mer ihr eigenes Geld verdient, ist immer aufgestanden und hat ihre Meinung kundgetan. Das fand ich toll an ihr.

Ich habe ihr alle meine Freunde vorgestellt und dann zu hören gekriegt: Ja, der ist ganz nett, aber nichts gegen Robbi. Robbi ist mein Mann, den ich seit fünfunddreißig Jahren kenne. Er meint heute: Mir war von Anfang an klar, dass ich dich eines Tages heiraten würde, dass du die Frau bist, mit der ich mein Leben verbringen und das Hotel führen möchte. Wir hatten uns nie aus den Augen verloren, aber mir war das nicht so klar. Ich bin froh, dass es so gekommen ist. Als ich heiratete, war schon alles sehr schön, aber wie intensiv die Liebe werden und dass sie noch wachsen kann, das ist wirklich ein Geschenk. Ich machte dann eine Ausbildung zur Hotelkauffrau. Weil ich schneller als geplant schwanger wurde, kam Mara am Tag meiner Prüfung zur Welt. Ein Prüfer kam mit den versiegelten Prüfungsunterlagen zu mir nach Hause, und ich habe die Prüfung, schon mit Wehen, am Küchentisch geschrieben, ein bisschen irreal.

Dann fuhr ich in die Klinik. Da habe ich es zum ersten Mal erlebt: Wenn man ein Kind zur Welt bringt, dann schaut man in den Himmel. In diesem Moment stellt sich keine Sinnfrage mehr. Ich habe das Universum verstanden. Als meine Mutter kam und Mara sah, brach sie in Tränen aus und sagte: Ich hab noch nie so ein schönes Kind gesehen. Und zu mir: Du siehst aus, als kämest du von einem Spaziergang. Mami, es war einfach ein großes Wunder, antwortete ich. Später kam Sina, unsere zweite Tochter, und von da an unterstützte meine Mutter mich und nahm ganz selbstverständlich die Kinder, damit ich im Hotel mitarbeiten konnte. So ist sie, zupackend, sehr lebendig, kritisch auch und sehr verbunden mit der Natur. Sie ist so eine weiße Hexe. Kräutert immer, macht mir meine Kräuter, macht eine Ringelblumensalbe. Als sich Lea, unsere dritte Tochter, ankündigte, reagierte sie mit einem gewissen Unverständnis. Sie sah die Belastung für mich. Und tatsächlich wurde es nach dem dritten Kind grenzwertig. Mein Mann und

ich hatten keine Zeit mehr füreinander. Einer war bei den Kindern, einer im Hotel. Also stellten wir ein Au-pair-Mädchen ein, was ich als sehr bereichernd empfand. Und meine Mutter kam regelmäßig, holte die Kinder von der Schule ab, machte mit ihnen Schularbeiten. Das schafft auch eine Verbindung zwischen ihr und den Kindern. Eine tiefe Vertrautheit entsteht durch den Alltag, und man muss lernen, ihn zu teilen. Aus allem etwas Positives herausholen. Allerdings war sie mit meiner Erziehung nicht immer ganz einverstanden. Ich war ihr nicht streng genug. Meine Schwiegermutter meinte, ich sei so streng, dass meine Kinder Angst vor mir hätten, und meine Mutter sagte: Du lässt sie laufen. Da habe ich mir gedacht: Ach, dann passt das schon. Bei Mara wurden mir diese Verantwortung und die Macht, die man über so ein Wesen hat, zum ersten Mal bewusst – und wie vorsichtig und auch demütig man mit ihm umgehen muss. Kinder sind etwas Großes.

   CORA BETHKE-FRANK

Mara war ein sehr lustiges Kind, doch von dem Moment an, als sie Geschwister bekam, extrem verantwortungsbewusst. Das tat mir manchmal leid, ich wollte ihr die Verantwortung nicht aufbürden. Mara war ein Kind, das mir alles leichtgemacht hat. Sie war gesund, niedlich, fröhlich und intelligent. Das einzig Negative ist, dass sie, wenn sie beleidigt ist, es richtig ist und man dann ganz schlecht an sie herankommt. Aber Konflikte können wir gut ausdiskutieren. Sie ist begeisterter Formel-1-Fan, liebt Michael Schumacher und hatte von Anfang an, da war sie zehn oder elf, eine Ferrari-Flagge und einen roten Anzug mit Käppi, und ihr ganzes Zimmer war rot, und seit sie dreizehn oder vierzehn ist, fährt sie zu allen Rennen in Deutschland. Das ist sehr teuer, und ich kündigte an: Mara, dann gibt es keine anderen Geschenke mehr, kein Weihnachten, kein Geburtstag, kein Ostern, nichts. Und sie antwortete: Ja, o.k. Sie ist unglaublich konsequent. Ja, konsequent sind wir alle drei.

Nach dem Abitur wollte Mara gerne Hotelkauffrau werden, und wir haben versucht, es ihr auszureden, weil das Führen eines Hotels extrem anstrengend und sehr zeitintensiv ist. Aber sie wollte es unbedingt. Mit Freude auf Menschen zugehen, das kann man nicht lernen, das wird einem geschenkt. Mara hat es glücklicherweise auch. Sie kann den Menschen vermitteln: Ich freu mich, dass Sie da sind. Ich stehe dann daneben und bin richtig stolz. Nach dem praktischen Teil der Ausbildung und dem Besuch der Hotelfachschule überlegte sie tatsächlich, in Kempten Tourismus-Management zu studieren und jeden Tag hin- und herzufahren. Aber da habe ich gesagt: Jetzt packst du endlich deine Koffer und ziehst aus. Wir lieben uns heiß und innig, aber es ist gut, dass sie jetzt ihren eigenen Weg geht.

Das Schlimmste, was mir in meinem Leben passiert ist, ist der Tod unserer vierten Tochter bei der Geburt. Ich habe ein Grab, ein Kindergrab. Dieses Ereignis hat mich extrem geprägt. Ich glaube, ich wäre gestorben, wenn mein Mann nicht gewesen wäre. Er hat mir das Leben gerettet. Es ist sechzehn Jahre her, und sie fehlt mir immer noch. Sie sah aus wie Mara bei ihrer Geburt, nur mit Locken. Sie hatte sich die Nabelschnur um den Hals gelegt. Ich habe damals den Herrgott verflucht, der mir das angetan hat. Meine Mutter hat mir in dieser Zeit häufig die Kinder abgenommen und versucht, den Alltag ein bisschen mitzugestalten, obwohl sie meinen Schmerz nicht ganz nachvollziehen konnte. Später hat sie mir erzählt, dass mein Mann sie angerufen hat, als das Baby gestorben war, und dass sie nur »bei der Geburt« und »ist gestorben« gehört hat. Sie dachte, ich sei gestorben. Als sie ins Krankenhaus kam und mich sah, ist sie auf die Knie gesunken und hat gesagt: Himmlischer Vater, ich danke dir, sie ist noch da. Das hat mich irritiert. Sie konnte auch nicht verstehen, dass wir nochmal ein Baby bekommen wollten: Dass du dir das antust! Aber dann kam unser Sohn zur Welt. Da hat er mir ein dickes Pflaster geschickt, der liebe Gott. Irgendwo gibt es immer ein Gutes, das habe ich daraus gelernt, und es hat mich stark gemacht, aber es war die Hölle. Das wünsche ich niemandem.

Nein, mein Leben ist nicht immer glatt verlaufen. Auch die Übergabe des Hotels der Schwiegereltern an uns war schwierig. Es sieht nur nach außen so aus: Ach, die Frau Frank – hat vier Kinder und einen reichen Hotelier geheiratet. Aber es ist viel, viel Arbeit und erfordert Disziplin und eine Menge Eigeninitiative. Ich hoffe, das Frauenbild, das ich von meiner Mutter übernommen habe, an meine Töchter weiterzugeben. Nämlich, Frau zu sein und trotzdem seinen »Mann« zu stehen, selbstständig zu sein und trotz großer Liebe zum Mann nicht von ihm abhängig zu sein. Dass das funktionieren kann, ist etwas Elementares, das ist eine Frage, die die gesamte Gesellschaft betrifft.

*Ich muss lernen, auf
mich selber zu hören.*

Obwohl bei uns großer Trubel herrschte, war meine Mutter immer präsent. Wir sind ja damit groß geworden, dass sie oft im Hotel war, und häufig waren wir einfach mit dort. Ich bewundere sie, wie sie alles unter einen Hut bekommt. Als ich noch zu Hause lebte, wollte ich ihr deshalb im Haushalt so viel wie möglich abnehmen. Mami und ich, wir haben beide dieses Helfersyndrom, wir wollen, dass es den anderen gutgeht. Ich glaube, wir sind uns sehr ähnlich. Wenn ich Probleme habe, kann ich gut mit ihr darüber reden, und sie kann mir supergute Tipps geben, weil sie genau versteht, wie ich mich fühle, und sich daran erinnert, wie es ihr ging, als sie in meinem Alter war. Sie nimmt sich Zeit für mich, wenn es nötig ist, und ich erzähle ihr so ziemlich alles. Weil ich das älteste von vier Geschwistern bin, war ich die Vorreiterin, egal, ob es ums Weggehen ging oder um anderes. Aber ich war eigentlich ganz brav, kam pünktlich nach Hause, habe nie geraucht oder getrunken. Ich denke nicht, dass ich in der Pubertät schwierig war. Klar, es kam ab und zu vor, dass mir etwas nicht gepasst hat oder es Streit gab. Ich bin sehr impulsiv, und dann werde ich laut.

Bevor ich einundzwanzig wurde, machte ich meine erste Ausbildung, in einem Fünf-Sterne-Hotel wie unserem, der »Sonnenalp«. Das ist nicht weit von hier, und ich habe weiterhin zu Hause gewohnt. Jetzt studiere ich in Innsbruck. Manchmal fehlt mir meine Mutter, aber wir telefonieren öfter. Ich will auf jeden Fall für eine Weile ins Ausland gehen. Das wird mir sicher schwerfallen.

Meine Mutter ist immer gut gelaunt, offen, fröhlich, arbeitet sehr viel und auch gerne, sie ist sehr liebevoll mit uns. Sie ist ein echtes Vorbild, und ich würde gerne all diese Eigenschaften von ihr übernehmen. Allerdings würde ich

in der Erziehung etwas anders machen. Ich würde an ihrer Stelle bei meinen Geschwistern ab und zu strenger sein. Aber sie sagt, das ist ihre Art, sie hat sie so erzogen, und wenn es mich stört, soll ich einfach rausgehen. Ich möchte meine eigene Persönlichkeit entwickeln und ihre Power haben, vor allem die Leidenschaft, mit der sie ihre Arbeit macht. Wie sie für jeden Gast da ist, das finde ich wirklich bewundernswert. Ich werde das Hotel ja später einmal übernehmen und hoffe, dass es mir wenigstens annähernd so gut gelingt. Wenn ich hier bin, arbeite ich schon mit, um Erfahrung zu sammeln. Dafür ist auch mein Studium da: dass ich lerne, wie man ein Unternehmen führt. Auch ich liebe es, die viele Arbeit im Hotel mit Freude und Spaß zu leisten, und möchte keinen Neun-bis-siebzehn-Uhr-Job haben. Es ist wie Kino, sagen wir oft. Es passiert so viel im Hotel, und es ist spannend, jeden Tag neue Gäste kennenzulernen und sie glücklich zu machen. Wenn sie einen schönen Urlaub haben und uns ein gutes Feedback geben, ist es sehr befriedigend. Es ist genau das, was ich machen will.

Großmutter ist eine toughe, starke Persönlichkeit, die sich nicht unterbuttern lässt und ihre Meinung sagt. Vor fünfzig Jahren war die Rolle der Frau noch sehr anders, und das hat sie natürlich geprägt. Ich verstehe mich sehr gut mit ihr, sie gehört zu meinem Leben dazu. Sie hat ihre zwei Tage pro Woche bei uns zu Hause und ist häufig mit uns in Urlaub gefahren, darum ist sie mir sehr vertraut. Wenn ich Probleme habe, werde ich immer zu ihr kommen können. Früher hatten wir ein bisschen mehr Konflikte, weil wir unterschiedliche Ansichten zur Erziehung hatten. Wo ich sagte: Das ist zu streng, sagte sie: Nein, das ist genau richtig so. Sie sagt mir oft, dass sie stolz auf mich ist, weil ich die Ausbildung gemacht habe und jetzt das Studium. Natürlich hat sie ab und zu Ansichten von früher, aber ich möchte ihre Meinung, ihre Werte ja nicht ändern. Sie ist so, wie ich meine Mutter beschrieben habe, nur etwas sturer und nicht leicht von ihrer Meinung abzubringen, auch strenger in der Erziehung. Für meine eigenen Kinder sehe ich eher meine Mutter als Vorbild. Es kommt

   MARA FRANK

vor, dass wir drei nach dem Mittagessen zusammenhocken, meine Großmutter, meine Mutter und ich, und dann quatschen wir. Es ist sehr interessant, die Ansichten von Mutti und Großmutter zu vergleichen, man lernt sie dadurch ein bisschen besser kennen. Über Freunde, die sich schlecht benehmen, sagt meine Mutter beispielsweise eher: Er meint es nicht böse, er ist halt so, lass ihm einfach Zeit, sich zu entwickeln. Meine Großmutter sagt klar: Nein, das finde ich nicht in Ordnung von ihm. Da hat man dann zwei verschiedene Ansichten. Meistens tendiere ich zu der Meinung, die ich gerade gehört habe, aber letztendlich muss ich lernen, auf mich selber zu hören. Meine Mutter lässt mir meine eigene Entscheidung. Sie hat nie versucht, mich zu beeinflussen.

Die Ehe meiner Eltern ist ein Vorbild für mich, und ich möchte natürlich auch einmal erreichen, dass die Liebe zu einem Partner nach fünfundzwanzig Jahren noch so groß ist. Ich bewundere meine Eltern und glaube, was sie schaffen, schaffen die wenigsten. Die viele Arbeit schweißt die beiden eher noch zusammen.

ANNE HEINRICH

LENA MÄHLMANN

BIRGIT MÄHLMANN

Jahrgang 1939,
Obstbäuerin

Das war alles ein Miteinander.

Auf unserem Obsthof im Alten Land gibt es immer viel Arbeit. Zu der Zeit, als Birgit geboren werden sollte, arbeiteten auch meine Eltern noch voll mit, obwohl sie schon Altenteiler waren. Wir hatten uns sehnlich noch ein zweites Kind gewünscht. Bei der ersten Tochter, Angela, wussten wir noch nicht, dass das Blut meines Mannes und meines nicht zusammenpassten, und so war uns ein Kind gestorben. Bei Birgit konnten wir uns darauf einstellen. Sie musste zwei Wochen vor dem eigentlichen Termin mit Kaiserschnitt geholt und sofort per Hubschrauber ins Kinderkrankenhaus geflogen werden, wo ihr Blut ausgetauscht wurde. Ich konnte mein Kind vorher nicht einmal auf dieser Welt begrüßen. Aber als wir sie dann nach Hause holten, war alles so, wie wir es uns gewünscht hatten.

Wir haben auf dem Hof rund um die Uhr gearbeitet. Die Männer, meistens auch meine Mutter, gingen morgens um sieben Uhr aus dem Haus, ich erledigte noch ein bisschen Hausarbeit und versorgte die Kinder. Später ging ich dann auch hinaus. Etwas musste immer gepflückt werden: Kirschen, Beerenobst, Pflaumen, Äpfel, Birnen. Den ganzen Winter über wurde das Obst in der Scheune sortiert. Es war ein Familienbetrieb – meine Eltern, mein Mann und ich, wir lebten alle zusammen in unserem schönen Haus.

Birgit war ein ganz liebes, aufgewecktes Mädchen. Als sie größer wurde, half sie nach der Schule voller Elan auf dem Hof mit. Wir fuhren regelmäßig zum Wochenmarkt, und als mein Mann und ich einmal nach Hause kamen, hatte sie ganz selbstständig und mutig einen neuen Ladewagen ausprobiert und damit schon alle Äpfel vom Feld geholt, die die Pflücker gepflückt und in Kisten gelegt hatten. Das Obstverladen ist eine schwere körperliche Arbeit wie das meiste in unserem Beruf, und dieser neue Ladewagen war eine große Hilfe. Auf dem Hof angekommen, hat sie dann mit dem Gabelstapler alles ganz allein wieder abgeladen. Wir waren damals mächtig stolz auf unsere Birgit, ganz besonders mein Mann. Er freute sich, dass er jemanden hatte, der ihm zur Seite stand. Die andere Tochter war mehr am Haushalt interessiert, wir hatten sie vielleicht auch ein bisschen dahindirigiert. Damals hatte man noch einen gewissen Einfluss auf die Kinder. Bei uns gab es keine Pubertät. Keine unserer Töchter war aufmüpfig. Sie waren richtig liebe, schöne Kinder, niemand hatte Zeit für Aufmüpfigkeit. Ja sicher, sie hatten ihren eigenen Willen, sie waren ja, so wie mein Mann, Reiter. Er fuhr regelmäßig mit den beiden mit dem Pferdehänger zum Training. Vielleicht hatten sie mitunter keine Lust, aber da hat sich dann der Papa auf liebevolle Art durchgesetzt. Ich denke mal, sie sind gerne geritten. Und sie haben ja auch auf Turnieren ein paar Schleifen geholt.

Mein Verhältnis zu Birgit war ein Miteinander. Bei uns wurde nicht geschimpft, nicht gemault, alles ging Hand in Hand. Ja, es wurde manchmal etwas laut geredet, es gab auch Meinungsverschiedenheiten, aber wir lebten in Harmonie. Mein Mann hat sich unendlich viel um die Töchter gekümmert, als

wenn das vom Schicksal so hätte sein sollen. Er brachte ihnen das Fahrradfahren bei, das Schwimmen, das Reiten. Er nahm sich immer die Zeit. Er starb, als Birgit einundzwanzig war. Sie machte zu der Zeit auf einem anderen Hof eine Lehre, auch im Alten Land. Sie hatte ja immer mit ihrem Vater zusammengearbeitet, und als er starb, vermisste sie ihn schmerzlich. Mit dem Tod meines Mannes begann ein schlimmes Jahr. Er starb 1989, für meine ältere Tochter hing das Aufgebot im Kasten. Sie wollte eigentlich im Juli heiraten, musste aber noch vier Wochen länger bei uns bleiben, bis wir die Kirschen-

ernte abgeschlossen hatten. Meine Mutter wurde krank und starb im Oktober desselben Jahres. Mein Mann starb im März, Angela war Braut im August, und meine Mutter starb im Oktober. Um bei mir zu sein, durfte Birgit ihre Lehre vier Wochen früher beenden. Mein Mann hatte große Pläne gehabt und gerade unendlich viele Hektar Land gerodet, wir wollten neue Bäume pflanzen. Wie Birgit, Angela und ich das mit Hilfe von Nachbarn und Neffen geschafft haben, ist mir heute noch schleierhaft. Aber wir haben es durchgezogen.

Die jungen Mädchen lernten damals auf Festen junge Männer aus der Umgebung kennen. Man kennt sich, ist bei den Festen mit allen zusammen, das war damals einfach so. Wir fuhren nicht weg und hatten keinen Urlaub, nie. Den haben wir auch nicht vermisst. Die einzige Zeit, die wir uns nahmen, war am Wochenende für die Reitturniere. Später, als auch die Mädchen ritten, habe ich an der Bande gestanden und mitgezittert. Birgit hat dann bald ihren Ralf kennengelernt. Das war für mich eine harte Zeit. Ralf hatte sie gleich so lieb und meinte, er müsse sie zu sich nach Jork holen. Da war ich ziemlich verzweifelt, ich war ja mit Birgit alleine auf dem Hof. Sie nahm jedes Mal einen Blumentopf mehr mit, und dann zog sie aus. Wie traurig ich war, das kann sich niemand vorstellen. Sie hatte inzwischen ausgelernt, und eigentlich sollte sie den Hof übernehmen, das stand schon lange fest. Aber Ralf hatte seinen Betrieb

   ANNE HEINRICH

in Jork, und ich wusste nicht, was werden würde. Aber irgendwann sagte sie: Mama, ich komme zu dir zurück. Wenn wir drei uns nicht verstehen, ziehe ich wieder aus. Und dann haben sie angefangen, alles umzubauen. Diese Küche war früher der Pferdestall, nebenan waren Kuhstall und Diele; jetzt wohnt hier Birgits Familie, und im alten Teil wohne ich.

Als sie zurückkam, habe ich mir gesagt: So, Anne, der Hof muss jetzt ihr Eigen werden, damit sie weiter Spaß an der Arbeit hat. Mein Vater hatte damals großes Vertrauen und mir den Hof übergeben, als ich erst sechsundzwanzig war. Also ging ich zu Birgit und sagte: Mein Vater hat mir das zugetraut, und ich denke, du packst das auch. Birgit hat den Hof dann ebenfalls mit sechsundzwanzig Jahren übernommen. Sie war tüchtig, konnte mit Maschinen umgehen und sich die Spritze umhängen, sie war einfach patent. Sie ist ein Goldstück, und ich bin stolz auf sie. Aber es gab nicht nur sonnige Zeiten, sie hatte es auch schwer. Sie hatte keinen Vater mehr, der helfen konnte. Ich weiß noch, einmal stand sie ganz alleine auf unserem Fuhrpark, hatte eine schwere Maschine abgekoppelt und die andere hinter den Traktor gehängt und konnte die Eisendinger nicht heben. Da stand sie dort und war böse und traurig. Ich rief: Birgit, soll ich helfen? Da grölte sie: Bleib drinnen. Sie wollte es alleine packen.

Es hat sich dann so eingespielt, dass ich geholfen habe, wenn ich wirklich gebraucht wurde. Während der Ernte zum Beispiel habe ich für die Familie vormittags bei mir gekocht, und sie sind zum Essen zu mir gekommen.

Lena ist Birgits Älteste, sie wurde noch in Jork geboren. Das war etwas ganz Wunderbares für mich. Ich habe das kleine Wesen morgens fertig gemacht, sie mittags vorweg gefüttert und in ihr Bett gelegt. Birgit war ja auf dem Feld, also war ich in dem Moment die Hausfrau. Abends brachte Birgit Lena zu Bett. Das war alles ein Miteinander. Und als die beiden anderen Kinder geboren waren, brauchte die Tochter die Mutter noch mehr.

Ich denke mal, Birgit hat sich gefreut, dass ich da war. Lena war mein Ein und Alles. Wir haben ein ganz enges Verhältnis. Ich war fast wie ihre Mutter und hatte mitunter auch das Gefühl, dass Birgit und Ralf eifersüchtig waren, weil sie immer bei mir war. Sie ist jetzt, wie man so schön sagt, in der Pubertät. Im Moment weiß sie nicht so recht, was sie will. Sie weiß nicht, soll sie noch reiten oder lieber Handball spielen? Das kann ich nicht recht nachvollziehen, weil ich aus einer Familie mit Pferden komme. Lena hat keine Zicken und keine Mucken. Sie sagt oft: Oma, du bist die Beste. Wir haben uns gerne. Ich will für sie da sein, sie werden so schnell groß, und dann gehen sie aus dem Haus. Mir wurde bewusst, dass ich die zwei anderen vernachlässigte. Das sollte nicht sein. Sie dürfen nicht merken, dass Lena meine ist, innerlich für mich allein. Es hat sich dann durch den Sport so ergeben, dass ich für alle drei da bin.

Ich bin jetzt die Oma. Wenn etwas fehlt, dann erledige ich es, mache Essen oder bin der Chauffeur, wie jetzt in den Ferien – fahre Jan zum Segeln, Pia jeden Tag zum Reiten nach Wulmstorf, Lena dreimal die Woche. Fast jeden Tag hole ich eines der Kinder von der S-Bahn in Wulmstorf ab, ich bin sozusagen der Chauffeur vom Dienst.

Wir waren immer drei Generationen im Haus. Meine Großeltern, meine Eltern und wir drei Kinder. Wir haben in einer Stube gesessen, jahrein, jahraus, haben zusammen an einem Tisch gegessen, morgens, mittags und abends. Heute isst die junge Familie alleine. Ich will nicht angeben, aber was weiß ich noch alles von früher, was diese jungen Menschen verpassen! Mein Vater war Verbandsvorsteher im Wasserverband. Ich weiß noch, wie die Gräben verlaufen. Unsere Enkelkinder kennen das alles nicht mehr.

Birgit und Ralf unternehmen viel mit den Kindern. Ralf ist ein leidenschaftlicher Skiläufer. Er schnappt sich seine drei, und dann saust er für vier Tage nach Sölden. Sie machen keinen längeren Urlaub, aber sie gehen heute mehr mit den Kindern aus, was unsere Eltern mit uns nicht taten.

Ich habe von meiner Großmutter gelernt: Den Baum, von dem du Schatten haben willst, darfst du nicht abschlagen. Und wie man in den Wald hineinruft, so schallt es heraus. Danach lebe ich und denke, das ist für alle gut.

Kürzlich am Sonntagmorgen, als Jan und Pia kamen, um sich von mir zu verabschieden, sagte ich ihnen, was für eine tolle Mama sie hätten, die es ihnen ermöglicht, acht Tage zum Reiten zu fahren. Wir hatten nicht so viele Kirschen, wie Mama und Papa jetzt haben, mussten aber vom Anfang der großen Ferien bis zum letzten Tag jeden Tag Spreen, also Stare, verscheuchen. Wir sprechen ja noch plattdeutsch, aber die Kinder wollen das nicht. Mitunter, wenn ich ein bisschen aufgeregt oder vergrellt bin, dann snack ich mit denen nur Platt. Und dann sagen sie: Oma, das verstehen wir nicht.

Wir wohnen jetzt seit ein paar Hundert Jahren hier. Das Haus stand schon immer an dieser Stelle, aber 1779 ist es abgebrannt und später der Nachfolgebau noch einmal teilweise, aber es ist immer wieder aufgebaut worden. Unsere Familie wohnt schon seit 1800 hier, und das ist das Schönste: dass man weiß, dass der Hof weitergegeben wird.

Das, was ich tue, macht mir Spaß.

Meine Mutter hat während meiner Kindheit sehr viel auf unserem Obsthof gearbeitet, mein Vater und sie waren ein gutes Team. Sie hat sich mit uns Kindern große Mühe gegeben, und doch habe ich manchmal gedacht, andere Kinder haben es wärmer. Warum, hätte ich nicht wirklich sagen können. Wir hatten schöne Weihnachtsfeste, tolle Osterfeste, wir sind zwischen Weihnachten und Neujahr, als wir klein waren, häufig in Urlaub gefahren. Das waren fest geplante Zeiten, die die Eltern mit uns Kindern verbrachten, und das war sehr schön kuschelig. Wir gingen immer in dasselbe Hotel, denn wiederkehrende Gewohnheiten spielten eine wichtige Rolle, und das war heimelig, das war gut. Die Mutter meiner Mutter war eine kühle Frau gewesen, sehr kurz und knapp. Wir hatten beide, meine Schwester und ich, kein inniges Verhältnis zu ihr. Sie lebte mit uns zusammen im Haus, hat immer aufgepasst, für alle gekocht, war immer da, und wenn etwas war, konnte man sich an sie wenden. Aber sie war eher reserviert.

Mit dreizehn hatte ich ein traumatisches Erlebnis. Ich bin zu meinen Eltern gerannt, aber die haben mich nicht verstanden. Ich merkte, dass ich mich an sie nicht wenden konnte, und etwa von da an habe ich mich dann sehr abgekapselt. Mein Vater fragte immer: Wieso sitzt du allein in deinem Zimmer? Ich konnte aber nicht darüber reden. Ich fuhr viel mit meiner Schwester und meinem Vater zum Reiten, das war eine gute Zeit. Als ich einundzwanzig war, starb mein Vater, und da wurde alles schlagartig anders. Er starb im März, im April oder Mai war ich mit meiner Ausbildung als Obstbäuerin fertig. Ich hatte vorher noch eine andere Ausbildung absolviert, doch ich wollte unbedingt Obstbau lernen. Aber meine Eltern waren sich einig: Das ist nichts für eine Frau – obwohl ich viel mitgeholfen hatte. Wenn mein Vater während der Ernte die Apfelkisten fahren musste und vorher auf dem Wochenmarkt gewesen war, hatte ich schon vorgearbeitet. Später am Abend haben wir die dreihundert Kilo schweren Kisten gemeinsam weggefahren. Das hat mir Spaß gemacht. Mein Vater traute mir viel zu und war stolz auf mich, was mich enorm motivierte. Als er starb, war das ganz grauenvoll für mich.

Für meine Mutter muss es noch viel schlimmer gewesen sein. Ich habe sie äußerst verzweifelt erlebt, sie hat nur noch geweint. Für meine Trauer war kein Platz, sie kannte nur ihren Schmerz. Später wurde es besser, aber auf dem Hof traute sie mir wenig zu. Ich fühlte mich in meiner neuen Rolle sehr unsicher. Mit einundzwanzig habe ich dann, um mir selber etwas zu beweisen, den Lkw-Führerschein gemacht und für die Spedition hier im Ort samstagabends die Trailer gezogen. Die Ware kam am Skandinavien-Kai an, und ich fuhr mit der Zugmaschine hin, sattelte den Trailer auf und fuhr nach Hause. Das passte meiner Mutter überhaupt nicht, das schickte sich nicht für ein Mädchen. Aber ich habe mich durchgesetzt, allerdings immer zu hören gekriegt: Du weißt gar nicht, wie oft ich lange Nächte lang auf meiner Bettkante sitze und nicht schlafen kann. Das war ihr Problem, ich brauchte einfach etwas, was mir Bestätigung brachte. Es war eine schwere Zeit.

Meine Großeltern waren bald nach meinem Vater gestorben. Meine Großmutter hatte Darmkrebs, und Opa kam noch kurz ins Altersheim, weil wir ja die Arbeit schaffen mussten und uns nicht um ihn kümmern konnten. Darunter muss meine Mutter ziemlich gelitten haben, sie sagte immer wieder: Ich will nie so enden. Bring mich niemals ins Altersheim, so wie ich es mit meinem

   BIRGIT MÄHLMANN

Vater gemacht habe. Aber er hatte einmal ein Gewehr auf sie gerichtet, war geistig verwirrt. Im Gegensatz zu meiner Mutter fand ich, dass meine Großeltern sehr unhöflich zu meinen Eltern waren. Irgendwann wurde mir die gesamte Belastung und die Verantwortung zu groß, und ich bemühte mich um eine Gesprächstherapie. In den Therapiestunden habe ich viel an mir wahrgenommen, und heute kann ich mich und meine Mitmenschen auf dem Hof, den ich zusammen mit meinem Mann bewirtschafte, besser so akzeptieren, wie sie sind.

Ich lernte meinen Mann kennen, und er war jemand, der mich so nahm, wie ich war, der immer Verständnis hatte. Er hörte mir zu, ich durfte bei ihm weinen, ich durfte lachen, ganz egal, er hat mich so geliebt, wie ich bin. Auch wenn ich mal ein wenig verrückt bin, er ist auch ein etwas Verrückter. Wir sind ein absolutes Vertrauensteam. Hin und wieder lassen wir uns beraten, um das Miteinandersprechen zu vervollkommnen. Das haben wir beide in unserer Kindheit nicht gelernt. Unser tägliches Arbeitspensum ist sehr hoch und muss so gut – und so friedlich – wie möglich organisiert werden.

Als mein Mann und ich heirateten, zog ich zu ihm nach Jork. Aber wir merkten schnell, dass es auf dem Hof schlecht läuft, wenn man nicht permanent präsent ist. Also richteten wir uns auf meinem elterlichen Obsthof alle gemeinsam ein, jeder in seinem eigenen Wohnbereich. Meine Mutter half uns sehr viel, wobei ihre große Präsenz für mich oft schwer auszuhalten war. Vor allem fiel es mir schwer, ihr meine Kinder zu überlassen, wenn ich arbeiten musste. Das kannte ich ja von früher.

Wir haben uns vor vielen Jahren entschieden, den Betrieb auf bio umzustellen, was in den ersten Jahren sehr schwer war, aber mein Mann und ich haben das erfolgreich gemeistert. Es ist genauso gelaufen, wie ich es mir immer vorgestellt hatte. Wir haben unsere Kinder gekriegt und unser Leben gelebt. Es war hilfreich, dass meine Mutter im Haus war. Sie hat die Kinder bei fast jeder Mahlzeit versorgt und uns immer unterstützt. Natürlich hätte ich mich gerne häufiger und länger um meine Kinder, besonders um Lena als Erste, gekümmert. Ich habe viel draußen gearbeitet, und Oma hat die Kinder in vielem beeinflusst. Sehr aufgefallen ist uns das, als Lena ein hochdeutsch ausgesprochenes Platt sprach, also etwa: Das gehört dem zu. Wir haben Lena jedes Mal gesagt, dass das falsch ist. Später spielte es keine Rolle mehr. Die Kinder werden von Oma sehr, sehr geliebt, und so manches Mal denke ich, schade, das hätte ich auch gerne gehabt, als ich Kind war. Aber das war wohl zu dem Zeitpunkt nicht möglich, sie war eben voll berufstätig. Ich finde, Muttersein ist manchmal ganz schön mühsam, und seit ich selbst Kinder habe, habe ich auch mehr Verständnis für meine Mutter. Ich versuche vieles bei unseren Kindern anders zu machen. Sie sollen eine gute Wahrnehmung in Bezug auf sich und auf andere entwickeln können. Lena und ich haben ein warmes, herzliches Ver-

    BIRGIT MÄHLMANN

hältnis zueinander. Wir gehen gerne zusammen auf den Flohmarkt. Dazu kam es, weil Lena sich ihre Kleider selber aussuchen wollte, ich aber nicht das Geld hatte, die, die sie haben wollte, zu kaufen. Ich finde noch im größten Haufen etwas Schönes.

Lena fragt mich immer um Rat. Sie hat sich jetzt meinen Laptop gekrallt. Ich stehe mit dem Ding ohnehin auf Kriegsfuß. Eigentlich wollte ich lernen, damit umzugehen, aber immer war die Zeit zu knapp, und ich bin zu ungeduldig. Er stand lange Zeit herum, bis Lena sich um ein neues Passwort kümmerte und ihn jetzt benutzt. Lena macht viele Dinge, die ich früher machen wollte, aber nicht durfte. Als wir mit der Schule in die Stadt wollten, sollte ich nicht mit, weil das zu gefährlich war. Darum habe ich mir geschworen, das sollen meine Kinder nicht erleben. Lena hat sich zum Beispiel zum Tanzkursus angemeldet, und er hat ihr richtig viel Spaß gemacht. Sie geht Eis essen, ins Café, auch mal shoppen. Wenn es ihr nicht gutgeht, dann wird sie beschmust und geliebt, dann wird alles gemacht, damit sie sich wieder wohlfühlt. Großmutter, Mutter und Lena alleine zum Vergnügen zusammen? Nein, auf die Idee bin ich noch nicht gekommen.

Ich versuche meiner Tochter zu vermitteln, dass es wichtig ist, mit den Eigenschaften und auch Eigenarten seiner Mitmenschen auszukommen. Jeder Mensch ist anders, und der ist besonders, der sich in die Lage des anderen hineinversetzen kann und vielleicht auch Mitgefühl hat. Das ist selten heutzutage.

Ich habe für mich in den letzten Jahren meine Richtung gefunden. Mit bestem Wissen und bewusst nach bestem Gewissen im Leben zu stehen macht mir Spaß. Das, was ich mache, macht mir Spaß. Und nur wer sich selbst liebt, kann auch andere lieben.

Ich lasse mir meinen Flohmarkt nicht nehmen. Meine Oma hatte alle schönen alten Dinge nach dem Krieg verscherbelt, wirklich alles. Das fand meine Mutter auch nicht gut. Und ich habe dieses Haus durch schöne alte Schränke und andere Dinge wieder mit Tradition gefüllt.

Je älter ich werde, desto einfacher wird es, zu akzeptieren, dass ich eine Nachfolgerin der beiden Frauen vor mir in

diesem Haus bin. Ich gehe damit jetzt anders um. Ich würde gerne einmal eine
tolle Oma sein, ich möchte gerne eine gute Mutter sein, ich möchte immer da
sein, wo ich gebraucht werde. Ich möchte gerne gute Traditionen weitergeben.
Ich möchte den Kindern Vertrauen und das sichere Gefühl geben, so sein zu
dürfen, wie sie sind. Sie sind meine Kinder, und ich halte zu ihnen.

*Wenn ich zwei Sichtweisen kenne,
kann ich sie gut kombinieren.*

Zu meiner Mutter fällt mir als Erstes ein, dass sie immer
für mich da gewesen ist, und das gilt auch heute noch. Obwohl sie so viel arbeitet, nimmt sie sich Zeit, wenn sie spürt,
dass ich sie brauche. Ich bin die Älteste von uns, und ich
merke, dass sie mir jetzt viel mehr erklärt, was ich falsch
mache, als früher, als ich noch kleiner war. Wir sprechen
über Fehler so, dass ich verstehe, was ich besser machen kann, dadurch habe
ich das gute Gefühl, ernst genommen zu werden. Ich lebe gerne auf diesem Hof
mit meinen Eltern, den Geschwistern und meiner Oma zusammen, und je älter
ich werde, desto mehr erkenne ich, dass es ein Vorteil ist, mitzuerleben, was
die Eltern arbeiten, dass sie in der Nähe sind. Ich fühle mich dadurch eingebunden in unseren Familienbetrieb, und das Mithelfen macht mir Spaß. Schon als
kleines Kind war ich mit Papa auf dem Markt in Emden. Jetzt verkaufe ich auf
dem Wochenmarkt in Hamburg mit, wenn keine Schule ist. Bei meinen Freundinnen sehe ich, wie es ist, wenn die Mutter den ganzen Tag nicht zu Hause ist,
dann ist man doch ziemlich alleine, besonders wenn man in der Stadt lebt. Da
weiß ich es zu schätzen, hier so schön auf dem Land zu leben und dass meine
Eltern und meine Geschwister da sind. Und wenn alle unterwegs sind, ist Oma
meistens zu Hause. Ich fühle mich ein wenig verantwortlich, denn es ist doch
so, wenn Mama und Papa nicht da sind, dann bin ich die Große. Im Haushalt
helfe ich beim Aufräumen und Essenkochen. Manchmal habe ich andere Dinge
vor, aber ich bin die Größte, und die anderen beiden helfen noch nicht viel.

Mama ist sehr ehrgeizig; wenn sie etwas erreichen möchte, dann schafft sie das auch. Den Weg dahin meistert sie mal leichter, mal nicht so leicht. Sie ist zielstrebig und ehrgeizig, aber auch liebevoll und sehr fürsorglich. Wenn wir zum Beispiel verreisen, haben wir immer einen Korb mit Lebensmitteln dabei, damit wir unterwegs nicht hungern müssen. Sie ist sehr fröhlich und hat eigentlich immer gute Laune, das finde ich besonders schön. Ich kann sehr gut mit ihr reden. Wenn ich traurig bin, gehe ich zu ihr und beschreibe ihr das Problem, und dann überlegt sie mit mir, was man machen kann und wie man mit der Person reden muss. Ihre Ratschläge sind immer wertvoll und auch meistens erfolgreich. Wenn meine Probleme mit Jungs zusammenhängen, rede ich am liebsten mit Mama und Papa, weil Papa es dann ja aus der Männerperspektive sieht. Ich frage dann: Und was sagen die männlichen Wesen auf dieser Welt? Wenn ich zwei Sichtweisen kenne und meine noch dazu, dann kann ich sie leicht kombinieren.

Weil sie meine Mama und auch mein Vorbild ist, habe ich einiges von ihr abgeguckt und einiges wohl auch geerbt. Meine Fröhlichkeit habe ich ganz sicher von ihr abgeguckt. Ich möchte mir meine Mutter gerne zum Vorbild nehmen, weil sie uns Werte fürs Leben vermittelt. Die Werte sind: eine heile Familie, immer glücklich sein, sich nicht von anderen abhängig machen. Zuerst hört es sich vielleicht blöd an, wenn man das immer gesagt kriegt, aber sie hat einfach Recht. Und das finde ich ziemlich beeindruckend, dass sie immer, immer Recht hat. Nur wenn ich schlechte Laune habe und es nicht zugeben will, dass sie Recht hat, dann nervt es mich. Aber eigentlich finde ich es bewundernswert.

Etwas finde ich nicht so gut: Manchmal ist ihr Ehrgeiz ziemlich anstrengend, besonders, wenn es um den Haushalt geht. Sie möchte, dass am Abend alles geschafft ist, damit wir ruhig ins Bett gehen können. Das ist ja auch ein gutes Ziel, und ich sehe es ein. Doch dann sagt sie: Du legst die Wäsche zusammen und machst das und das und das. Und ich denke oft: Ja, warum können die anderen das denn nicht auch mal übernehmen? Aber die haben ja auch ihre Aufgaben, und eigentlich ist es selbstverständlich, dass wir alles gemeinsam machen. Neulich waren wir bei Mamas Freundin zu Gast – und wurden von vorne bis hinten bemuttert, wir durften nicht helfen. Ich fand das recht merkwürdig, weil wir ja sonst auch immer auf- und abdecken. Aber sie sagte: Nein, ihr seid meine Gäste. Daran kann ich sehen, dass ich mir meine Aufgaben total angewöhnt habe.

Ich bin sehr froh, dass meine Oma unter einem Dach mit uns lebt. Oma finde ich schon klasse. Ich weiß, sie ist immer für mich da. Ich gehe zwar eher zu Mama, wenn ich etwas besprechen möchte, aber Oma frage ich auch oft. Sie sieht vieles aus einer anderen Perspektive, und das finde ich interessant. Dann hat man zwei Meinungen und kann abwägen und sich eine eigene Meinung bilden. In diesem Haus haben die verschiedenen Generationen immer schon zusammengelebt. Sie erzählt oft, wie es früher gewesen ist, und man merkt, dass die Familie anders gelebt hat als wir heute. Und ich merke einen Unterschied, wie Oma erzählt und wie Mama es dann schildert. Ihre Lebenseinstellung ist ein bisschen anders. Oma hat sich nicht abgewöhnt, für viele Leute zu kochen, sie kocht immer einen Riesentopf voll, weil sie es ihr ganzes Leben lang so gelernt hat. Bei uns wird für die gekocht, die da sind, für fünf. Es gibt wohl auch einen Unterschied, wie wir Kinder erzogen werden. Das hat sie früher sicher anders gemacht.

Oma hat auf uns aufgepasst, als wir klein und noch nicht im Kindergarten waren. Als ich mit Voltigieren anfing, kam sie mit und guckte zu, so wie sie auch heute beim Reiten dabei ist. Sie bringt uns hin, guckt uns zu, hilft beim Fertigmachen und fährt uns wieder nach Hause. Das schätze ich sehr. Als Kind sagt man: Mama, Mama, guck mal. Und wenn Mama nicht da ist, ist eben die Oma da. Und Oma kann auch Hinweise geben: Du musst dies und das noch verbessern. Also, Oma ist einfach immer da gewesen, auch beim Sport. Und wenn wir mal Hunger haben, dann können wir zu Oma gehen, sie hat bestimmt etwas zu essen da. Letztes Jahr während der Apfelernte war es zum Beispiel so, dass Papa keine Zeit zum Kochen hatte, da haben wir Oma unsere Schulschlusszeiten gegeben, und wenn wir nach Hause kamen, war die Haustür offen, und sie hatte warmes Essen für uns. Das fand ich echt klasse.

Oma ist eigentlich nie richtig schlecht gelaunt, aber sie ist nicht so, dass man gleich sieht, wie ihre Laune ist. Man muss erst mal ein bisschen mit ihr reden, dann weiß man es. Da sind Mama und ich ganz anders.

Ich habe zu Oma ein gutes Verhältnis, und natürlich fühle ich mich mit ihr verbunden durch die Jahre, meine Lebensjahre, in denen wir uns ja immer gesehen und auch jeden Tag ein bisschen geredet haben. Ich finde es schön, dass Großmutter und Mutter und ich unter einem Dach leben, aber ich fühle mich noch zu jung, um richtig bewusst zu erfassen, was es für mein Leben bedeutet. Unser Zusammenhalt gibt mir ein Gefühl von Geborgenheit, und das ist ein großer Wert. Wichtig finde ich, dass wir miteinander reden können, dann gibt es gar nicht erst Missverständnisse.

Ich mache mir jetzt noch keine Gedanken darüber, ob ich einmal den Hof übernehme. Vorstellen kann ich es mir. Ich kenne alles von klein auf, und das Leben als Obstbäuerin ist normal für mich. Aber ich muss ja bis zum Abitur noch einige Jahre zur Schule gehen. Vielleicht weiß ich es dann. Ich möchte jedenfalls gerne einen Beruf ausüben, der immer gebraucht wird. Ein Obstbauer wird immer gebraucht, aber ich kann mir auch vorstellen, etwas ganz anderes zu machen.

MAYA ONKEN

ESTELLE

JULIA ONKEN

*Sie war ein Wunder, das Kostbarste,
was ich hatte.*

Als ich mit Maya schwanger wurde, befand ich mich im weiblichen Tiefschlaf und tappte mit Träumen, Erwartungen, Vorstellungen und Wünschen etwas schlaftrunken durch das Leben. Die Ankündigung der Schwangerschaft rüttelte mich von einem Tag auf den anderen wach. Mir wurde voller Staunen bewusst, dass sich an mir das gleiche Wunder vollzog wie an anderen Frauen. Ich hatte mich so anders, nicht dazugehörig gefühlt. Mit dem Moment der Schwangerschaft war ich aufgenommen in die Gemeinschaft der werdenden Mütter. Vorher hatte sich mein Leben in nächtelangen Diskussionen über literarische, philosophische oder psychologische Themen auf Denkinseln abgespielt. Plötzlich beschäftigten mich praktische Dinge, etwa wie ich mich einrichten müsste, damit ich das Kind überhaupt unterbringen könnte. Ich lebte zu dem Zeitpunkt nicht sehr kindgerecht mit Matratze auf dem Boden in einer Abbruchvilla. Was ich früher als unendlich spießig abgetan hatte, stand plötzlich im Mittelpunkt meines Lebens. Glücklicherweise hatte ich eine sehr liebevolle Schwiegermutter, die angesichts dieser Umstände sofort die Initiative ergriff, eine Putzequipe durch das Haus schickte und anfing, Möbel zu kaufen. Und meine Mutter, zu der ich damals ein eher distanziertes Verhältnis hatte, entwickelte so hilfreiche Überlegungen wie zum Beispiel, etwas für das Kind stricken zu können, was sie dann in Überfülle tat. Der Minirock, den ich damals als eine der Ersten trug, wurde mit zunehmender Schwangerschaft länger. Ich hatte kein Bedürfnis mehr, suffragettenhaft kostümiert in Lederstiefeln herumzulaufen.

Als Maya dann auf die Welt kam, konnte ich es nicht fassen, dass aus mir so etwas Vollkommenes, Zauberhaftes herausgekommen war. Sie war ein Wunder, das Kostbarste, was ich hatte. Ich schaute immer wieder, ob sie warm genug war, richtig lag, ob sie richtig schnaufte. Ich war hingerissen von diesem Wesen und mein Mann ebenso. Wir trugen weiße Kittel und Mundschutz, um ja keine Bazillen auf das Kind zu übertragen. Nach zweidreiviertel Jahren wurde unsere zweite Tochter geboren, und durch meine intensive Beschäftigung mit der Kleineren hatte Maya ein bisschen mehr Freiraum. Sie war ein sehr bewegungsfrohes Kind und ständig auf Entdeckungsreise. Mein Verhältnis zu ihr blieb innig, und ich verharrte im Zustand des freudigen Staunens. Die Schule brachte ihr nochmals so etwas wie eine eigenständige Insel. Sie war sehr selbstständig, stand morgens alleine auf, machte sich ihr Frühstück und ging zur Schule. Mit der Pubertät entglitt sie mir. Ich betrieb damals meine Scheidung, schwamm wirtschaftlich um mein Leben und hatte alle Hände voll zu tun, um nicht abzusaufen. In dieser Zeit war Maya sehr auf sich gestellt. Sie vollführte viele Eigendrehungen, die ich nicht einmal realisierte. Als sie mir dann sagte, sie zöge bei mir aus und zu den Eltern ihres Freundes, weil sie da Familie erlebte, empfand ich das als große Erleichterung. Sie lebte dort mehrere Jahre, und es wäre gelogen, wenn ich sagen würde, es hätte mir wehgetan. Die Freude darüber, dass sie sich das holte, was sie vermisste, war viel größer. Sie war aktiv, sehr bestimmt, leidenschaftlich, interessiert, sehr strukturiert. Sie hatte immer so kleine Zettelchen, auf denen alles stand, was sie noch erledigen musste. Ich hatte den Eindruck, sie nahm ihr Leben selbstverantwortlich in die Hand.

Zu der Zeit, als sie anfing zu studieren, begann ich Bücher zu schreiben. Wir waren im Gespräch miteinander und interessiert aneinander. Sie hatte sich von ihrem Freund getrennt, ging von seiner Familie weg und lernte ihren jetzigen

Mann kennen, wurde Personalverantwortliche bei Body Shop. Zu Weihnachten schickte Maya mir dann einen Brief, in dem ein Kindersöckchen steckte. Da wusste ich, dass sie schwanger war. Auf der einen Seite spürte ich Beglückung, aber gleichzeitig große Trauer um meine Tochter, dass jetzt die Muttertragödie sich auch an ihr vollziehen würde. Sie war bis zu dem Zeitpunkt so, wie ich mir das heutige Frauenbild vorstellte: die emanzipierte junge Frau, im Beruf erfolgreich, eine, die die Karriereleiter hinaufklettert und trotz Mann absolut unabhängig ist. Neben der Freude, die ich spürte, fürchtete ich, dass meine begabte, gescheite, gut ausgebildete Tochter jetzt aus ihrem freien Flug niedergezwungen würde. Als Estelle da war, war natürlich der Jubel über dieses wunderbare Geschöpf zunächst groß. Aber ich habe dann miterlebt, wie Maya jonglieren musste zwischen Beruf und Kinderkrippe – ständig unterwegs, im Zug, auf der Toilette die Milch abpumpen und solche Dinge. Das hat mich mit Wehmut erfüllt. Ich hätte natürlich sagen können, das Kind übernehme ich, doch ich hatte schon lange meinen eigenen vollen Kalender. Ich konnte nicht behilflich sein und wollte es auch nicht. Da zeigte sich noch einmal die ganze Tragödie des Frauseins. Und dass sich alles wie über eine Nabelschnur weitervererbt. Kein Großvater hat ein schlechtes Gewissen und denkt, er müsse seiner Tochter unter die Arme greifen und ein bisschen die Kinder hüten. Das gilt nur für die Großmütter. Ich musste sie also einfach ihrem Schicksal überlassen und hoffen, dass sie es irgendwie packen würde, musste rational an das Problem herangehen und mir sagen: Es ist nicht sinnvoll, dass ich einen Vortrag absage, damit ich irgendwo ein Kind ins Bett bringe, währenddessen es in der Nähe liebevolle Frauen gibt, die das gerne tun.

Maya hat mich eines Tages ziemlich rüde angemailt und mir ihren Ärger kundgetan, dass ich mich für die Emanzipation stark machte und Vorträge hielte, dabei funktioniere das Ganze nicht. Das war wohl unser erster ernsthafter Streit. Ausgerechnet ich habe jetzt so eine Tochter, die es nicht auf die Reihe kriegt, dachte ich. Das hat mich sehr geärgert. Ich erinnerte mich, mit welchen Schwierigkeiten auch ich zu kämpfen hatte, aber damals

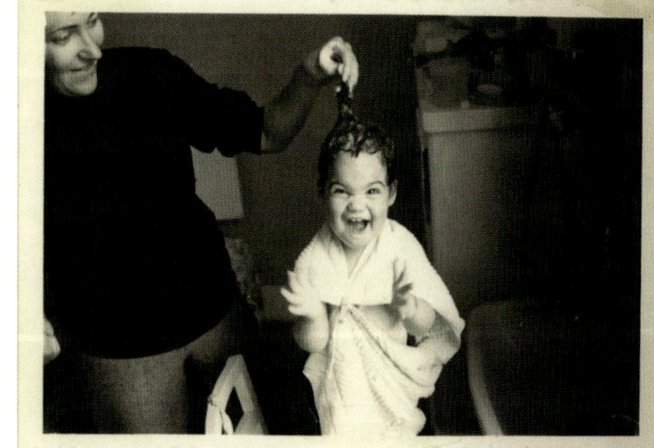

nie auf die Idee gekommen wäre, mich über den Aufwand zu beklagen, einfach weil ich froh war, dass ich meinen Beruf ausüben konnte. Dieser Streit hat uns sehr gefordert, er wurde per Mail geführt. In dieser Zeit hatte ich ein Gespräch mit meiner Lektorin, die über ein neues Buch mit mir reden wollte. Ich teilte ihr mit: Bei mir gibt es im Moment kein neues Buch. Ich hänge gerade mit meiner Tochter in einem derartigen Zoff, weil diese blöde Kuh sagt, die Emanzipation funktioniere nicht. Die Lektorin meinte dazu, das sei doch ein schönes Thema für ein Buch. Ich rief Maya an, und die sagte ziemlich schnippisch: Mach doch mit diesem Zeug, was du willst. Wir mailten weiter, sammelten, schickten alles an die Lektorin. So entstand unser gemeinsames Buch. Wir haben unseren Frieden gefunden, auch wenn wir immer noch nicht gleicher Meinung sind. Ich bin sicher, Kinder gedeihen prächtig, auch wenn sie fremdbetreut werden, und wenn Frauen begabt sind, sollten sie sich nicht durch Kinderbetreuung am Arbeiten hindern lassen. Und Maya möchte Fremdbetreuung nur in Maßen, dosiert. Inzwischen ist der Konflikt insofern bereinigt, als wir sagen können: Du denkst darüber anders als ich. Wir halten gemeinsam Vorträge, hocken in Talkshows. Wir stimmen ja in den wesentlichen Punkten überein, nämlich: Frau muss selbst entscheiden können, welches Modell sie wählen will.

Wenn Maya mir von ihrem Job erzählt hat, sagte ich immer, sie wäre die Idealbesetzung für mein Frauenseminar (eine Einrichtung der Erwachsenenbildung für Frauen in Romanshorn). Eines Tages änderte sich die Arbeitssituation bei ihr, und sie war bereit, zu mir zu kommen. So konnte ich sie zur Geschäftsführerin des Frauenseminars machen. Sie hatte natürlich von früh an ihre Eltern vor allem darüber reden hören, wie Menschen am besten lernen, welche Bedingungen erfüllt sein müssen, und so müssen wir nicht mehr lange darüber diskutieren. Sie bringt neue Ideen aus der Wirtschaft mit hinein, dann bin ich manchmal ein bisschen skeptisch. Aber was sie bis jetzt auf die Beine gestellt hat, funktioniert, und das freut mich sehr. Wir haben eine Sachebene, auf der es um den Beruf geht, und eine andere, da reden wir über die Kinder und über unsere privaten Dinge. So erfahre ich von den Kindern, und sie kommen auch zu mir in den Urlaub. Ich will wissen, was sie treiben. Estelle und ich mailen einander. Man sitzt als Großmutter ein bisschen in der Loge. Die Verantwortung lastet nicht auf meinen Schultern. Wenn ich die beiden sehe, geht mir das Herz auf. Das ist schon ganz innig.

Estelles jüngere Schwester Lucie ist genau so ein Bewegungskind, wie Maya es war, immer für alles zu haben, unternehmungsfreudig, neugierig auf die Welt, ein ganz kreatives Kind. Estelle ist die Besinnlichere, die viel denkt, einem auch kritische Fragen stellt, mir durchaus sagen kann: Dieser Spaziergang war übrigens eine ziemliche Zumutung. Geradeheraus. Ja, anspruchsvoll, aber gut, kritisch, man kann mit ihr bereits über Themen diskutieren. Ich bin natürlich sehr daran interessiert zu erfahren, wie sie die Welt wahrnimmt, die Schule. Ich sehe, wie zurückhaltend und vorsichtig sie mit Menschen umgeht.

Ich fühle mich absolut geborgen als Glied meiner Frauen-Generationenkette. Ich denke oft an meine Mutter; jetzt mit dem Älterwerden verstehe ich ihr Leben viel besser. Ich spüre einen ganz innigen Wurzelgrund zu ihr, zu meinen Töchtern, zu meinen Enkeltöchtern.

Jahrgang 1968,
Geschäftsführerin,
Autorin

Ich will die Lösung selber suchen.

Meine Mutter ist tollkühn, mutig, redegewandt, virtuos, kreativ, visionär, liebevoll, feinfühlig, philosophisch begabt, das alles. Und auch tendenziell hysterisch, aber abkühlbar. Für mich als Kind war sie einfach meine Mutter. Natürlich habe ich sie geliebt, und natürlich habe ich sie manchmal ganz blöd gefunden, vor allem, wenn sie mir verbot, im Frühling kurze Röcke ohne Strumpfhosen anzuziehen und barfuß zu laufen. Ich habe aber sehr genau wahrgenommen, als es ihr nicht gutging. Dann lag sie in einem verdunkelten Zimmer im Bett, mit Büchern um sich herum. Ich merkte dann auch, dass es ihr unendlich viel besser ging, als sie anfing, Psychologie zu studieren. Als sie sich von meinem Vater trennte, blieb ich bei ihr. Aber dann war die große Krise da. Niemand funktionierte mehr richtig. Die Mutter hatte Überlebensängste und war sehr damit beschäftigt, eine Existenz aufzubauen, meine Schwester war unglücklich. Es war ein tiefer Einschnitt in meinem Leben, und ich fühlte mich damals wie tot, so allein auf der Welt. Niemand hatte Zeit für mich. Es war klar, dass die Trennung für beide richtig war, aber für mich als Kind zerbrach die Familienbasis in ihre Einzelteile. Ich war ein sehr autonomes Kind und habe dann mein Leben selbst organisiert. Ich suchte mir einen Freund mit netter Familie und schrieb Listen, wann ich was erledigen musste, und ging nicht eher ins Bett, bis sie abgearbeitet waren. Ich setzte also in dieser Situation ein Gegengewicht zu der Strukturlosigkeit. Ich sage, ich bin heute Geschäftsführerin, weil ich damals gelernt habe, wie man viele Dinge unter einen Hut bringt und etwas erfolgreich abschließen kann. Meine Mutter kam dabei kaum vor. Mit fünfzehn ging ich in einer anderen Stadt zur Schule, wohnte unter der Woche in einem Schülerhaus, und am Wochenende war

ich beim Vater und manchmal bei der Mutter.
Sie ließ mir die Freiheit. Sie ist immer danach
gegangen: Geht es der Maya gut bei dieser Familie, bei diesem Freund? Dann war es o.k. In
meiner Maturzeit zog ich ganz zu der Familie
meines Freundes, meine Mutter gründete das Frauenseminar und schrieb ihr
erstes Buch. Ich konnte es Korrektur lesen, weil ich gerade in Sachen Recht-
schreibung für die Matur fit sein musste. Im Frauenseminar erlebte ich meine
Mutter zum ersten Mal als Geschäftsfrau, als Dozentin, als Psychologin.

Mit dem Studium wollte ich mich ihr gegenüber abgrenzen und wählte Biochemie, aber es war eine Katastrophe. Ich war sterbensunglücklich, und meine
Mutter fragte: Bist du sicher, dass du das Richtige studierst? Da stieg ich auf
Germanistik um, weil das eine meiner Leidenschaften ist. Und dann habe ich
noch Psychologie und Pädagogik, Methodik und Didaktik in all diesen Neben-
fächern studiert. Und das war wie Honigbroteessen, es war, als wenn ich alles
kennen würde. Ich war erwachsen geworden. Mit meiner Mutter traf ich mich
zu intellektuellem Austausch, weniger privat. Das kommt uns jetzt zugute. Es
gibt natürlich auch private Themen. Die kommen dann zum Zuge, wenn ich
mal eine Krise habe – oder sie –, dann reden wir. Aber das sind zwei verschiedene Dinge. Sie hat mir ein Bild vermittelt von Frauen, die ihre Begabung nicht
ausleben können, und davon, was geschieht, wenn sie ihr Potenzial voll ent-
falten können. Das habe ich ja bei ihr erlebt. Sie hat mir auch vermittelt, dass

   MAYA ONKEN

Frauen Schwächen haben und Krisen und dass sie daraus gestärkt hervorgehen können. Meine Mutter hat mir natürlich auch einen Schuss Mut und ein fast leichtsinniges Selbstvertrauen mitgegeben. Ich könnte mir zutrauen, den Flughafen Zürich zu leiten. Was sie mir nicht vermittelt hat, ist das Vertrauen, dass private Dinge gut funktionieren. Da war ich sehr vorsichtig. Ich glaube, wenn mein Mann nicht so klare Visionen gehabt hätte: Du wirst meine Frau, du kriegst dein erstes Kind mit dreißig, dann hätte ich vielleicht keine Kinder, weil ich diesen Schritt aus mir heraus nicht gewagt hätte. Geschäftsführerin sofort, aber Partnerschaft und Familiengründung, davor hatte ich Angst.

Als Estelle geboren wurde, war es wie: Jetzt ist das Generationenrad eingerastet. Alles war noch einmal neu gemischt. Ich wurde selber Mutter und erlebte alle diese Ängste und Schuldgefühle und Freuden. Ich habe meiner Mutter sehr viel verziehen, weil ich merkte: Sie, oder alle Mütter, geben prinzipiell ihr Allerbestes. Bezüglich Emanzipation aber hatte meine Mutter mir eine Mogelpackung verkauft. Sie hatte gesagt: Mädel, wir haben alles geregelt für euch. Wir haben den Schrott von der Autobahn geräumt, und ihr könnt jetzt mit dem Ferrari bis nach Las Vegas brausen. Ihr könnt den Mann wählen, ihr könnt reisen, ihr könnt den Job wählen. Nicht gesagt hat sie mir: Nur bis zu dem Moment, in dem ihr ein Kind bekommt. In dem Moment, wenn ich schwanger bin, muss ich rechts runter von der Autobahn. Obwohl ich einen Mann habe, der voll mitzieht, hängen noch Milliarden Dinge an mir, und ich will auch da sein für meine Kinder. Ihre Kindheit geht so wahnsinnig rasch vorbei.

Zwei Mädchen wollten wir haben, mein Mann und ich, aber noch nicht so schnell. Etwa ein Jahr nach der Hochzeit unternahmen wir in der Karibik eine turbulente, abenteuerliche Reise mit Hurrikans und dreimaligem Umzug im Hotel. Als wir zurückkamen, war ich schwanger. Ich hatte gerade einen Karriereschritt gemacht, und mein Mann war mitten im Doktorat, also in der Ausbildung ohne Job. Als promovierter Chemiker verfolgt man üblicherweise eine Forscherkarriere. Er nahm dann eine Stelle in der Nähe an, die total unter seinem Niveau war, aber es war eine Achtzig-Prozent-Beschäftigung.

Die Geburt von Estelle war ein unglaubliches Glückserlebnis. Ich habe dieses Kind in den Armen gehalten und war im achten Himmel. Ich habe nur das Kind angesehen. Estelle war völlig unkompliziert, sie hat viel geschlafen. Wir nennen solche Menschen in der Schweiz »Gemütsmore«. Ich konnte mit Mutterschutz, allen Ferien und Überstunden zusammengenommen dreieinhalb Monate zu Hause bleiben. Und ich hatte Herzschmerzen, als ich wieder anfing zu arbeiten. Es war richtig Liebeskummer. Wenn ich nur an das Kind dachte, schoss die Milch ein. Die Krippen waren alle ausgebucht, eine Freundin sprang ein. Ich habe in Zürich gewohnt und im Kanton Schwyz gearbeitet, und auf der Mitte des Weges wohnte die Freundin. Über Mittag fuhr ich hin und stillte das Kind. Das war ein Sechzehn-Stunden-Tag, und ich war immer nudeltot und total fertig.

Das Verhältnis zwischen Estelle und mir war sehr innig. Es veränderte sich dann zwangsläufig, als sich das zweite Kind ankündigte. Ich hatte zwischendurch zwei Fehlgeburten gehabt und war darum bei der erneuten Schwangerschaft sehr nervös. Im fünften Monat hatte ich Blutungen und musste viel liegen, und das war der erste Einschnitt in Estelles Leben. Das zweite Kind, die Lucie, war dann eines, das nicht schlief und mich vom ersten Tag an voll forderte, und ich musste die Estelle dem Vater geben. Mein Mann und ich organisierten unser Leben mit Einsatzplänen: Jetzt habe ich eine halbe Stunde Estelle, dann hast du eine halbe Stunde Lucie. Aber diese Aufgabenverteilung scheiterte oft, weil Lucie sich auf den Boden warf und nur die Mama wollte. Da war wirklich eine starke Polarisierung, die heute noch spürbar ist. Wir haben zwei Teams: mein Mann mit der Estelle und ich mit der Lucie. Ich empfinde das manchmal als schmerzlich, da ich Estelle liebe und gerne mit ihr zusammen bin. Die Großmutter war nicht verfügbar, auch in schwierigen Momenten nicht, als ich das Kind verlor und völlig außer mir war. Das musste ich akzeptieren. Umso dankbarer war ich, dass sie mir bei der Geburt der zweiten Tochter half.

Estelle kommt nach meinem Mann. Sie ist sehr intelligent, wortgewandt, analysiert messerscharf und ist gern sarkastisch. Diese Stärke im Verbalen – sie schreibt manchmal Gedichte und Geschichten und frisst die Bücher – hat sie aber sicher auch von Mutter- und Großmutterseite. Lucie ähnelt sehr stark mir, in ihrer Energie, der ständigen Bewegung, dem Hüpfen und Weglaufen. Ein unruhiger Geist, aber auch kreativ. Sie ist schon sehr autonom und selbst-

bewusst und plant große Projekte. Die Estelle ist eher vorsichtig und fragt: Kann ich das wirklich? Es sind zwei ganz unterschiedliche Töchter, auch äußerlich. Die eine ist blond mit blauen Augen, die andere braun mit braunen Augen.

In wirklich schwierigen Zeiten meines Lebens gibt es wenige Menschen, mit denen ich reden möchte. Meine Schwester ist unter ihnen, fast noch vor der Mutter, und in gewissen Dingen auch der Vater. Natürlich auch mein Mann. Die Mutter wendet ihre psychologischen Gesprächsführungskünste an, und manchmal entsteht eine Eigendynamik, weil sie sich Sorgen macht. Dann fängt sie an, Lösungen für mich zu kreieren. Das brauche ich nicht. Ich will die Lösung selber suchen. Im Frauenseminar, das wir jetzt gemeinsam leiten, merke ich den Generationsunterschied. Meine Mutter hat viel ausprobiert, und wenn ich mit einem Vorschlag komme, antwortet sie häufig: Das hatten wir alles schon. Dann muss ich mich durchsetzen und sagen: Aber das war vor zwanzig Jahren, komm, wir probieren es. Dafür ist sie dann wieder offen.

Ja, ich sehe mich sehr in der Generationenfolge. Ich hatte ein ganz intensives Verhältnis zu beiden Großmüttern. Die Mutter meiner Mutter, mit der meine Mutter so ungeduldig war, habe ich heiß geliebt. Ich habe ein Bild von ihr in meinem Arbeitszimmer, sie ist meine Urahnin. Von ihr habe ich sicher meinen Pragmatismus, den klaren, gesunden Menschenverstand. Sie war eine gescheite Frau, und wir haben uns oft ausgetauscht.

Meine Mutter schreibt gerade ein Buch über Mütter. Und im gemeinsamen Teamteaching oder in Vorträgen beschreibt sie dann auch ihre Mutter. Das ist für mich immer ein schöner Moment, weil ich dann meine Großmutter wieder aufleben lassen kann, die ich als Enkelin so ganz anders wahrnehmen konnte. Darum sagt meine Mutter mir immer: Wenn es in der Pubertät mit deinen Mädchen schwierig wird, gib sie mir. Und das werde ich sicher tun, das weiß ich jetzt schon. Da tut der Generationenüberschlag gut.

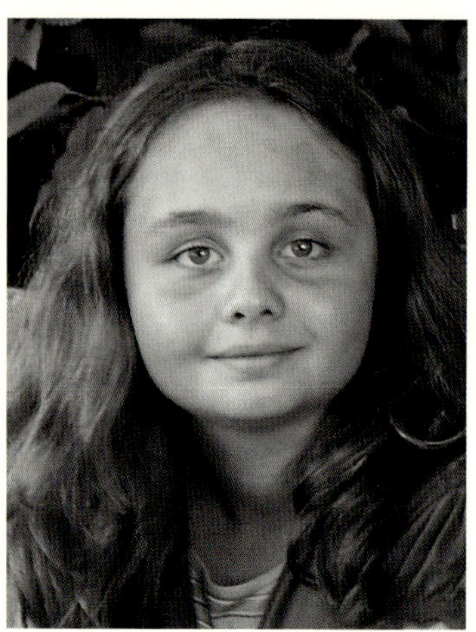

ESTELLE

*Meine Großmutter kann zwar nicht kochen,
ist aber etwas Spezielles.*

Bei meiner Mutter ist es, als hätte sie einen eingebauten Motor. Sie ist immer in Bewegung, hat ungeheuer viel Energie, schafft viel, treibt Sport. Manchmal ist sie von der Arbeit ein wenig gestresst, manchmal ist sie müde – und manchmal ist sie einfach glücklich. Sie ist ein fröhlicher Mensch und sehr liebevoll. Als ich klein war, hat sie mir immer, damit ich besser schlafen konnte, eins von ihren T-Shirts aufs Kopfkissen gelegt. Dann nahm ich ihren Geruch wahr, und das war so, als ob sie bei mir im Bett wäre.

Meine Schwester und ich tanzen beide Ballett, so wie meine Mutter früher auch. Beim Ballett gibt es Grade, je nachdem, wie lange man dabei ist und wie gut man tanzt. Ich habe jetzt Grad vier erreicht, ab Grad sechs kann man eine Akademie besuchen. Unsere Mutter hat bei Grad sechs auf Hip-Hop umgesattelt. Sie liebt solche schnellen Bewegungen. Das ist nichts für mich, ich bin

glücklich mit dem klassischen Ballett. Ich bin auch ein wenig anders als sie, eher ruhig und vorsichtig. Sie macht manchmal unerwartete Sachen, bei denen ich denke, wieso macht sie das? Manches ist mir peinlich, zum Beispiel, wenn sie in einer Garage laute Lieder singt. Da macht die Lucie immer mit. Ich finde, für eine Frau, die schon über vierzig ist, ist das ein wenig seltsam. Wenn sie noch sechzehn wäre, fände ich es normal. Aber sonst ist sie eine megagute Mutter, sie ist die Beste.

Meine Schwester ist klein und hibbelig und konzentriert sich überhaupt nicht auf den Schulstoff, sie macht die ganze Zeit Quatsch und hat ein Talent, sich Ärger einzuhandeln. Ich möchte unbedingt an die Uni studieren gehen, wie meine beiden Eltern. Und das möglichst lange. Aber was, weiß ich noch nicht, denn ehrlich gesagt habe ich keine Lieblingsschulfächer. Ich mag alle gerne. Ich habe Englisch gern, Deutsch, auch Mathe und Schreiben. Ich bin auch überall gut, das sieht man an meinem Zeugnis, das ich heute gekriegt habe. Ich habe in Mathe eine Fünf bis Sechs, in Deutschland wäre das eine Zwei bis Eins, in Deutsch und in Englisch ebenfalls und in Schrift eine Fünf. Ich merke, dass ich eine spezielle Begabung für Fremdsprachen habe. Ich kann schon Französisch sprechen, das habe ich bei meinen Großeltern gelernt, und Englisch zu sprechen, was für die anderen Kinder total schwer ist, fällt mir leicht. Wir waren einmal alle zusammen mit der Familie vier Tage in London, da konnte ich die Sprache ausprobieren.

Meine Großmutter ist eine sehr nette, schon etwas ältere Frau. Sie sieht aus wie eine Großmutter aus einem Märchen, aber eigentlich ist sie ganz anders. Die Großmütter in den Märchen können zum Beispiel immer supergut kochen. Sie kann zwar nicht kochen, aber sie ist etwas Spezielles, sie kann sehr gut Geschichten erzählen. Und sie hat mir Sticken beigebracht. Ich habe ja eigentlich zwei richtige und eine Stiefgroßmutter. Meine Großmutter väterlicherseits kann kochen, aber sie lässt auch manchmal etwas anbrennen. Sie spricht Französisch, das ist auch gut. Und meine Stiefgroßmutter ist ein sehr netter, sportlicher Abenteuertyp.

Die Großmutter von Mutterseite ist nicht so beweglich. Sie kann zwar gut laufen, ist aber nicht sehr sportlich. Wenn ich sie besuche, ist es immer interessant. Ich höre gern zu, wie sie Klavier spielt, ich sticke sehr gerne mit ihr, wir schwimmen zusammen im Swimmingpool, ich male viel bei ihr. Ich kann auch gut über alles Mögliche mit ihr sprechen. Bei manchen Dingen ist es einfacher, sie um Rat zu fragen als die Mutter. Besonders wenn ich etwas gelesen habe, über das ich gerne reden möchte, gehe ich zu ihr. Für Geschichten sind sie und meine Mutter Spezialistinnen. Eigentlich bin ich glücklich mit meiner Familie. Sie gibt mir Geborgenheit, ich fühle mich sehr sicher in ihr und freue mich immer, nach Hause zu kommen.

Ich habe viel Äußerliches von meiner Großmutter geerbt, das finde ich sehr schön. Ich bin die Einzige in meiner Familie, die blonde Haare und blaue Augen hat. Das ist manchmal schon ein bisschen speziell und steht genau im Gegensatz zu Lucie, die wie meine Mutter braune Haare und Augen hat. Von meiner Mutter habe ich die Größe übernommen. Ich bin jetzt schon 1,52 Meter und damit die Größte in meiner Klasse. Wie mein Leben einmal weitergeht, weiß ich noch nicht, aber wenn ich an meine Großmutter und Mutter denke, habe ich ein ganz ruhiges, sicheres Gefühl und bin geborgen in der Familie.

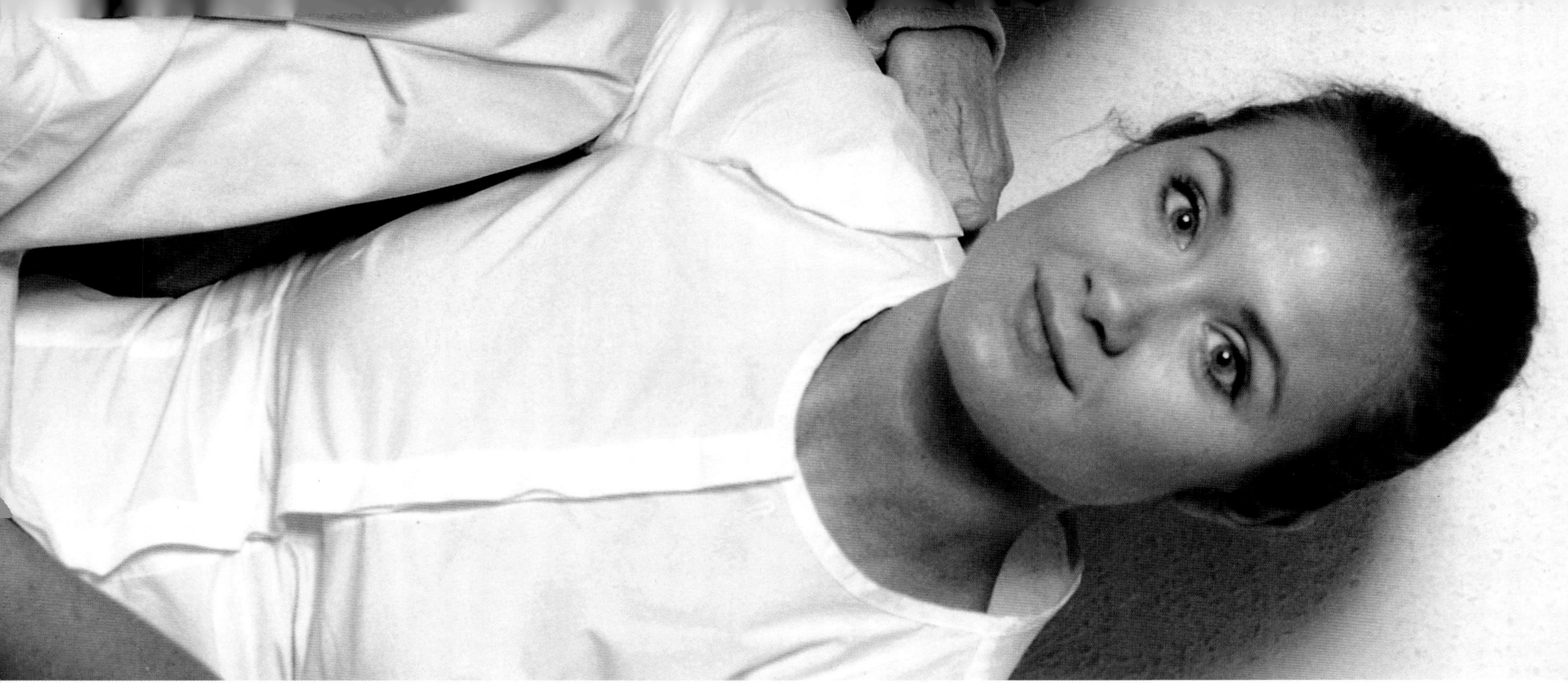

BARBARA SCHNITZLER

INGE KELLER

PAULINE KNOF

INGE KELLER

Alles aufs Spiel gesetzt.

Mein Leben war und ist in erster Linie ein Leben im Theater. Das hat zur Folge, dass für ein Privatleben kaum Freiraum bleibt. Mein Leben war immer Arbeit im Theater, Arbeit als Vermittlerin von Sprache. Deshalb wollte ich nie heiraten, und obwohl ich dann doch in die Ehe einwilligte, als Barbara sich ankündigte, habe ich die Institution Ehe nie begriffen. Ich bin eine Absolute, was für meine nähere Umgebung und auch für mich selbst nicht leicht war und ist.

Als ich Barbara erwartete, war ich schon drei Jahre am Deutschen Theater Berlin. Ich erinnere mich, dass ich noch bis in den sechsten, siebten Monat hinein spielen konnte. Dem Vorgang der Geburt fühlte ich mich hilflos ausgeliefert. In der Klinik war ich deshalb nicht aus der Dusche herauszubekommen, bis schließlich die Schwester rief: Frau von Schnitzler, Sie müssen jetzt aus der Dusche kommen! Ich suchte für das Baby dann eine Kinderfrau und fand in dem Dorf in der Oberlausitz, aus dem meine Mutter – eine Fabrikantentochter – stammt, Susanne Richter. Susi war Kinderfrau, Hausfrau, alles in einem – und blieb vierundvierzig Jahre. Sie lebt jetzt in einem Beschützenden Wohnheim ganz in meiner Nähe. Ich konnte mich also sehr bald wieder ganz dem Theater widmen, denn ich wusste Barbara und das Haus in besten Händen.

Ich hatte das Glück, im Spielplan sehr früh in Stücken der Weltliteratur mit großen Lehrmeistern wie Boleslaw Barlog, Rudolf Noelte, Benno Besson, Wolfgang Heinz und Wolfgang Langhoff und vielen wunderbaren Partnern zusammenarbeiten zu können. Ernst Busch war als Jago mein Lehrmeister im *Othello*. Ich war seine Emilia. Es war die große Zeit des Deutschen Theaters in der DDR.

Ins Deutsche Theater durfte mich Barbara zuweilen begleiten, auch mal die Schleppe tragen. Sie entschied sich ganz eigenständig, Schauspielerin zu werden, und setzte das zielstrebig um. Zu meinem Kummer gestattete sie mir nicht, während der Ausbildung ihre Schauspielschule zu betreten. Ich durfte kein Vorspielen sehen und ihre Entwicklung nicht miterleben, weil sie meinte, das würde ihre Kommilitonen belasten: Zu schade! Wenn ich bedenke, wie selbstverständlich Barbara, ich selbst und meine Enkelin Louise in der Schauspielschule in Rostock deren Schwester Pauline erleben konnten …

Mutter und Tochter haben oft ein problematisches Verhältnis. Aber Mutter und Tochter in derselben Stadt, im selben Beruf, sogar am selben Theater – das war natürlich extrem schwierig für sie. Doch sie hat sich durchgeboxt, sich ihre eigene Stellung am Deutschen Theater erkämpft, bewundernswert. Ein- oder zweimal haben wir zusammen gespielt – das war nicht so gut für uns. Sie saß zum Beispiel einmal in der Garderobe und strickte! Stricken im Theater bringt mich auf die Palme. Es gab schwierige Zeiten mit wenig Verständnis füreinander. Ja, unser Verhältnis war nicht immer das beste. Barbara musste ohne Vater aufwachsen. Ich trennte mich von Schnitzler, als sie etwa drei bis vier Jahre alt war. Und ich, die Mutter, lebte im Theater. Es gab Zeiten, als ein spielfreier Abend im Monat ein Ereignis war. Ja. Susi, das Haus- und Kindermädchen, war da. Zum Glück.

Ich bin dankbar, dass mir in meinem hohen Alter die Kraft geblieben ist, im Deutschen Theater und im Berliner Ensemble zu arbeiten. Brecht sagt, ohne Glück geht nichts. Zur richtigen Zeit die richtige Rolle mit den richtigen Partnern, einem guten Regisseur – ja, das ist Glück! Einar Schleef inszenierte vor vielen Jahren *Verratenes Volk*. Robert Wilson sah mich mit einem großen Monolog am Anfang des Stücks. Jahre vergingen. Wilson vergaß mich nicht. Im Jahre 2008 holte er mich ins Berliner Ensemble für seine Inszenierung der »Shakespeare-Sonette«. Welches Glück für mich! Ich spiele Shakespeare.

Ich stamme aus einer wohlhabenden Familie, mein Vater besaß einen Steinbruch in der Oberlausitz. Es ist fast nicht zu glauben, ich war in meinem Leben nie in einer Partei, nicht einmal im BDM bei den Nazis, von der Stasi ist nie einer bei mir gewesen.

Ich war und bin ein sozial eingestellter Mensch. Ich bin leider harmoniesüchtig und konfliktunfähig. Vielleicht durch mein jahrzehntelanges Alleinleben habe ich auch Toleranz nicht geübt. Ingeborg Bachmann sagt: »Abstand, oder ich morde! Haltet Abstand von mir!«

Jetzt, im Alter, weiß ich, dass ich Wesentliches im Leben nicht gelebt habe. *Alles aufs Spiel gesetzt* – der Preis ist hoch.

Ich bin mit zwei begabten Enkelinnen beschenkt worden. Louise, die jüngere, studiert Schauspiel in Wien. Pauline wurde nach der Schauspielschule ans Burgtheater engagiert, ich sah sie in zwei Aufführungen, aufregend und herzerfrischend!

Mein Glück sind auch immer wieder meine Freunde, alte bewährte und tätige Freunde. Die braucht man im Alter und im Alleinleben. Ich lebe allein, aber ich bin nicht einsam. Und Barbara ist eine Tochter, die da ist, wenn ich sie brauche, absolut zuverlässig. Auch das ist Reichtum. Und mein Publikum ist mein Reichtum, es trägt mich in einer Weise, die mich glücklich macht.

Aber die Welt ist aus den Fugen – und das Theater …? Ich sitze nicht im Elfenbeinturm. Mein Jahrgang ist kein glücklicher: Zweiter Weltkrieg, Auschwitz, Nachkriegswehen, hoffnungsvoller Neuanfang in der DDR – und so gescheitert. Die heutigen Kriege! Afghanistan! Was haben wir da zu suchen? Und die deutsche Sprache? Sie blubbert ab in Amerikanismen: in den Medien – in der Presse – in der Alltagssprache – rundum. Zum Heulen ist das!

Ein Jubiläum: sechzig Jahre am Deutschen Theater, lange, lehrreiche und beglückende Jahre. Meine Sonntagsmatineen mit meinem Dramaturgen Hans Martin Rahner liegen mir am Herzen. Die letzte war Franz Fühmann gewidmet. Seiner großen Erzählung »Die Schöpfung«.

Mein Haus ist bevölkert mit Bildern und Plastiken meiner Künstlerfreunde Fritz Cremer, Christa Cremer, Otto Niemeyer-Holstein, Werner Stötzer, Wieland Förster, Joachim John und Alfred Hrdlicka. Max Frisch sagt: »Immer größer wird mein Freundeskreis unter den Toten.« »Ach scheiden, ach scheiden, ach scheiden, wer hat sich das Scheiden erdacht?«, sagt Lucile in *Dantons Tod* von Büchner.

Man sieht sich auf dem Dorotheenstädtischen Friedhof. Es lebe das Leben!

BARBARA SCHNITZLER

Jahrgang 1953,
Schauspielerin

*Das Schönste ist, wenn die Kinder
es besser machen.*

Wir waren ein Drei-Weiber-Haus: meine Mutter, ihre Haushälterin (und meine Kinderfrau) Susi und ich. Meine Eltern haben sich getrennt, als ich drei, vier Jahre alt war. Die alltägliche Mutter-Tochter-Beziehung hatte ich zu Susi. Sie lebte bei uns im Haus und war quasi eine Ersatzmutter. Susi kam aus einem wunderschönen Dorf in der Oberlausitz, zu dem ich eine starke Beziehung hatte, weil wir im Sommer mitunter zwei bis drei Monate dort verbrachten. Alles, was eine unbelastete und unbeschwerte Kindheit ausmacht, habe ich in Niedercunnersdorf erlebt. Dort sind meine Kindheitswurzeln. Susis Eltern ersetzten auch meine Großeltern, die zu früh verstarben, als dass ich sie hätte kennenlernen können.

Meine Mutter gehört einer Schauspielergeneration an, für die der Beruf der absolute Mittelpunkt des Lebens war. Sie war im Alltag wenig anwesend, und wenn, dann sehr autoritär – ebenfalls eine Eigenschaft ihrer Generation. Auch glaubte sie, durch Strenge den abwesenden Vater kompensieren zu können.

Bei so viel Abwesenheit ergab sich eine Schieflage, die durch Susi emotional aufgefangen wurde. Allerdings erinnere ich mich gut an meine Mutter während meiner Pubertät. Da zeigte sie enormes Verständnis. Ich konnte wunderbar über die großen Herzensdinge mit ihr reden – der erste Freund, der plötzlich nichts mehr von mir wissen will. Was übrigens auch auf meinen Vater zutraf: Obwohl auf ähnliche Weise nur seinem Ego und seinem Beruf verpflichtet, war er für mich in entscheidenden Situationen von einer wunderbaren Zuverlässigkeit. Beide Eltern waren in der DDR-Öffentlichkeit sehr exponierte Persönlichkeiten, was für mich schwierig war. Abgesehen von Susi und Niedercunnersdorf hatte ich keine sehr glückliche Kindheit und Jugend.

Der Abnabelungsprozess zwischen meiner Mutter und mir geschah nicht entschieden genug. Um die wirklichen Auseinandersetzungen haben wir uns beide herumgedrückt, da herrschten eher Sprachlosigkeit und Schonung.

Es war dann für meine Mutter ein ungeheurer Schlag, als ich achtzehnjährig mit einem wesentlich älteren Mann zusammenzog, der zudem noch ein Kollege von ihr war. Und mich damit unter den Einfluss einer anderen Autorität begab, aber das ist ein anderes Thema.

Ich war schon als Kind häufig mit im Theater, aber immer verbunden mit bestimmten Anforderungen, wie Haare schneiden oder Kleider anprobieren, die die Garderobiere schneiderte. Ich erinnere mich, in einem Stück von Lope de Vega hatte meine Mutter ein Traumkostüm mit einer meterlangen Schleppe an. Die durfte ich einige Male den Garderobengang entlang zur Bühne tragen, den ich nun schon selbst seit sechsunddreißig Jahren gehe.

Meine erste Premiere erlebte ich zehnjährig an Silvester 1963. Es war der *Tartuffe* von Molière in der Regie von Benno Besson. Damals wurden die Kostüme und Masken erst bei den Hauptproben gezeigt. Meine Mutter trug ein Kleid, das übrigens heute in der Theaterabteilung des Märkischen Museums in Berlin ausgestellt ist. Besson diskutierte lange, ob vorn am Mieder drei Schleifen sein sollten oder nur eine. Diese Diskussion ist mir im Gedächtnis geblieben, heute denke ich: Mein Gott, was für eine Sorgfalt! Da ging es um eine Schleife! Natürlich bin ich in meinem Berufsethos durch meine Mutter und auch durch solche Erlebnisse geprägt. Es ist

etwas Besonderes, am Abend auf der Bühne des Deutschen Theaters zu stehen. Man hat sich auf den Abend vorzubereiten, konzentriert und diszipliniert zu sein, »der Lappen« hat hochzugehen – egal, wie man sich fühlt.

Erst als meine Mutter 2001 aus dem festen Engagement ausschied, habe ich mich auf den mir so vertrauten Platz in »ihrer« Garderobe gesetzt. Als ich durch einen Reitunfall lange in ein Korsett gezwungen und ans Bett gefesselt war, habe ich darüber nachgedacht, warum ich denselben Beruf gewählt habe. Das liegt zum einen daran, dass in meinem Mutterhause nicht sehr viel anderes thematisiert wurde als das Theater. Aber ich denke auch, dass ich meiner für mich immer so abwesenden Mutter nahe sein, wahrgenommen und anerkannt werden wollte. So war ich schon elf Jahre im Beruf, als mir bewusst wurde, dass ich ihn eigentlich aus einem Defizit heraus gewählt hatte.

Hilfe von meiner Mutter wollte ich während der Ausbildung unter gar keinen Umständen annehmen. Ich wusste, dass sie nicht glücklich über meine Berufswahl war, und wollte nicht, dass sie zu den Vorspielen in die Schule kam. Sie war in der DDR ein Star, ich wollte und musste meinen eigenen Weg gehen und durfte mich nicht von ihr beeinflussen lassen.

  BARBARA SCHNITZLER

Das ist übrigens mit meinen Töchtern Pauline und Louise, die zurzeit in Wien Schauspiel studiert, anders. Pauline wollte sehr früh, dass ich nach Rostock komme und mir ihre Vorspiele anschaue. Aber ich sitze in erster Linie als Mama unten und gucke zu. Das konnte meine Mutter nie. Ratschläge geben ist schwierig. Jeder junge Mensch – besonders in einem künstlerischen Beruf – muss seine eigenen Wege gehen, seine eigenen Fehler machen. Aber wann sagt man etwas, wann nicht – obwohl man es sagen könnte und möchte?

Warum ich an dasselbe Theater ging wie meine Mutter? Wir lebten in der DDR, und da gab es nicht so viele Theater, die infrage gekommen wären, denn ich war eine der Besten in meinem Studienjahr. Es gab das Theater Karl-Marx-Stadt, heute Chemnitz, wo der Intendant Gerhard Meyer junge Schauspieler wirklich förderte. Da wollte ich hin. Aber ich hatte Pech, es gab keine Vakanz. Es war die Zeit, als meine Mutter ihre »Theaterhungerjahre« hatte und fast sieben Jahre nicht besetzt wurde. Sie war am Deutschen Theater zwar engagiert, aber nicht präsent. In dieser Zeit bekam ich das Angebot vom Deutschen Theater. Ich wäre dumm gewesen, es nicht anzunehmen.

Als ich jung war, hatte meine Mutter große Probleme mit mir auf der Bühne. Es waren immer Äußerlichkeiten, die sie kommentiert hat, also: Die Perücke ist falsch. Du bist zu stark geschminkt. Als sie mich das erste Mal richtig gut fand, war es in einer für sie sehr fremden Rolle. Ich spielte in Klaus Chattens Stück *Sugar Dollies* eine überdrehte Westlerin. Da meinte sie: Jetzt hat sich meine Tochter freigespielt! Was für mich auch kein Kompliment war – ich war damals schon vierzig. Und seit fast zwanzig Jahren im Beruf. Das hat sich geändert. Jetzt kann sie annehmen, was ich mache.

Man sollte von den Eltern lernen können, mit Konflikten umzugehen. Dazu gehört, sie auch schwach zu sehen. Ich habe meine Mutter nie schwach gesehen. Sie wahrte immer die Form, auch zu Hause. Erst nach ihrem schweren Sturz vor fünf Jahren erlebte ich sie das erste Mal als hilfsbedürftig. Das war für mich ein wichtiges emotionales Erlebnis. Meine Töchter haben mich verzweifelt, heulend, schluchzend erlebt. Ich bin davon überzeugt, dass es Kinder stark macht, ihre Eltern auch so wahrzunehmen.

Meine Situation, als Pauline geboren wurde, war sehr schwierig, weil ich nicht mit ihrem Vater zusammenlebte, sondern alleinstehend war. Wir hat-

ten eine heimliche Beziehung. Pauline ist »passiert«, aber ich wollte dieses Kind haben. Das war für mich eine unglaublich intensive, wichtige und schöne Zeit, die in mir bis dahin ungeahnte Kräfte mobilisiert hat. Durch meinen Vater bekam ich eine eigene Wohnung, Paulines und meine erste gemeinsame Wohnung. Ich bin relativ schnell wieder in den Beruf zurückgegangen, Pauline immer in einer giftgrünen Baby-Tragetasche mit dabei – zum Stillen. Und dann kam mein Mann, da war Pauline knapp zwei Jahre alt. Pauline hat sehr früh gesagt: Ich habe einen Vater, und ich habe einen Papa.

Sie war die erste Enkelin meiner Mutter. Als ich meiner Mutter sagte, dass ich schwanger sei, meinte sie: Aber »Oma« darf das Kind nicht zu mir sagen. Wir haben uns dann auf »Inge-Omi« geeinigt. Pauline konnte von klein auf mit meiner Mutter sehr gut umgehen. Sie hat immer einen entwaffnenden, frischen Ton, der meine Mutter sofort fröhlich macht.

Als Pauline in die Pubertät kam, hatten wir ordentliche Kräche, da flogen die Fetzen, da knallten die Türen! Da ich das nicht kannte, musste ich lernen, dass das etwas völlig Normales und Notwendiges ist. Mit Louise, einige Jahre später, war ich viel gelassener. Dann ging Pauline für ein halbes Jahr nach Amerika. Als sie zurückkam, war sie plötzlich sehr erwachsen, und ich fühlte mich schlagartig überflüssig. Es begann für mich der Lernprozess des Loslassens. Heute haben wir ein enges Verhältnis. Wir telefonieren einmal in der Woche, manchmal auch jeden Tag. Es ist ganz locker, es gibt keine Verabredungen, keine Verpflichtungen ihrerseits. Ich möchte, dass sie sich nur meldet, wenn sie das Bedürfnis hat. Für mich ist es schwerer, manchmal würde ich sie gerne sprechen, sage mir aber, du hast doch gerade gestern mit ihr telefoniert, nun stör sie mal nicht.

　BARBARA SCHNITZLER

Jetzt ist sie eine junge Frau, und ich sehe mit großer Freude, wie sie die Dinge viel selbstverständlicher anpackt als ich. Auch die Probleme und Konflikte. Und ich bin glücklich, ihr Vertrauen zu haben. Für mich ist es das Schönste, zu sehen, wenn meine Töchter Sachen besser angehen, als ich es tat.

Pauline hatte als kleines Mädchen den Wunsch, auf eine Musicalschule nach New York zu gehen. Und das in der tiefsten DDR! Da hätte sie auch zum Mond fliegen wollen! Ich habe gesagt: Bist du des Wahnsinns, wie willst du das denn anstellen? Und dann noch Musical – als Deutsche!!! –, das können doch nur die Amerikaner! Und dann erinnere ich mich, wir saßen in einem Café und löffelten Eis, da sagte sie: Ich hab mich jetzt entschieden. Ich gehe nicht an eine Musicalschule, ich gehe an die Schauspielschule. Das war erstmal das kleinere Übel, aber begeistert war ich nicht. Pauline konnte zwar schon als Kind Säle unterhalten, sie ist viel komödiantischer als ich, hat aber auch noch ganz andere Fähigkeiten. Erst bei ihrem Wahlrollenvorspiel im zweiten Studienjahr – der Monolog einer Frau, die ihre beiden Kinder umgebracht hat – war ich von ihr so beeindruckt, dass ich wusste, sie *muss* auf die Bühne!

Dass wir den gleichen Beruf ausüben, verbindet uns. Aber nicht nur ihr ist mein Urteil wichtig – ihres mir ebenso. Und entweder man macht es dann anders, oder man spielt es genauer als vorher. Natürlich haben wir zum Teil ganz unterschiedliche Sichtweisen auf Regisseure, Inszenierungen, Kollegen, das ergibt Reibungen und macht Spaß.

Und wir haben eine gemeinsame »außerberufliche« Leidenschaft: das Kochen! Es ist eines unserer Hauptthemen. Wichtiger als das Theater! Pauline gibt mir auch Alltagstipps. Wenn ich sie in Wien besuche, habe ich mitunter das schöne Gefühl von Beschütztsein.

Ich sehe mich absolut in einer Generationenkette. Meine Freundin sagte mir einmal: Du bist mit voller Absicht in die Mitte gesetzt worden – für Pauline und Louise.

Ich habe bewusst versucht, es aus meinen Defiziten heraus anders zu machen. Ganz bestimmt nicht fehlerfrei – aber anders. Und ich genieße es, von meinen Töchtern viel Aufmerksamkeit und Liebe zurückzubekommen.

Jahrgang 1980,
Schauspielerin

PAULINE KNOF

Du musst es mit Leidenschaft tun.

Meine Mutter hat sich immer Zeit für mich genommen, und dass sie als Schauspielerin so viel gearbeitet hat, habe ich nie als Manko empfunden. Im Gegenteil, ich war stolz auf sie. Ich war viel mit im Theater und habe frühe Erinnerungen an die Atmosphäre dort. Ich habe das große Glück, eine wunderbare Kindheit erlebt zu haben.

Ich hatte schon als Kind großen Ehrgeiz, und es war für mich sehr früh klar, dass ich auch auf die Bühne wollte. Einzigartig – und sicher einer der Gründe für meine Berufswahl – ist für mich der Hinterbühnengeruch. Der ist unbeschreibbar und an allen Theatern gleich. Die Atmosphäre im Theater ist für mich immer noch mit einem großen Zauber behaftet. Der direkte Auslöser aber war eine ganz banale Geschichte. Ich hatte im »Westfernsehen« einen Bericht über eine Musicalschule in New York gesehen. Da wollte ich hin. Ich muss ein recht anstrengendes Entertainer-Kind gewesen sein: Ich träumte vom großen Auftritt, forderte Aufmerksamkeit, wollte tanzen, singen, ein Instrument spielen. Meine Eltern haben mir all das Gott sei Dank ermöglicht. Ich war von Montag bis Freitag nach der Schule in irgendeiner Form beschäftigt, entweder beim Klavier- oder beim Gesangsunterricht, und am Schluss habe ich dreimal die Woche Ballett getanzt. Da ich das alles wollte und nie als Zwang empfunden habe, gab es wenig Reibungspunkte mit meiner Mutter. Ihre Devise war, egal, was du machst, wir unterstützen dich, aber du musst es mit Leidenschaft tun. Ich habe kluge und großzügige Eltern. Michael Knof ist mein Ziehvater, und es ist das größte Glück meines Lebens, dass er seit meinem zweiten Lebensjahr bei uns ist. Er ist Filmregisseur. Ich wuchs in einem Künstlerhaushalt auf, langweilig war es bei uns nie.

Schon früh wurde ich gefragt, ob ich die Tochter von Barbara Schnitzler sei, weil die Ähnlichkeit für Außenstehende offenbar frappierend ist. Wir haben das lange nicht wahrgenommen, da wir recht unterschiedliche Persönlichkeiten haben. Meine Mutter ist ein wunderbarer Mensch. Sie ist warmherzig, fürsorglich, stark, denkt an alles, und sie hat es geschafft, sowohl seit 35 Jahren als Schauspielerin an einem der besten deutschsprachigen Häuser zu arbeiten, als auch eine lange glückliche Ehe zu führen und zwei Kinder großzuziehen. Für diesen Kraftaufwand hat sie meine volle Hochachtung; sie ist auch ein Vorbild für mich. Meine Mutter ist eine sehr gute Gastgeberin, wir lieben es beide, Gäste und die Familie zu bekochen. Sie ist aufmerksam, zu jeder Premiere bekomme ich kleine Geschenke. Sie weiß immer, wann ich Vorstellung habe – ich weiß, dass sie in Gedanken bei mir ist. Wir sind beide sehr harmoniebedürftig, allerdings bin ich wohl um einiges ichbezogener. Darin bin ich meiner Großmutter ähnlicher. Meine Mutter ist jedenfalls die freundlichste und bescheidenste von uns dreien. Es wird sicher der Tag kommen, an dem wir gemeinsam spielen werden. Aber es sollte etwas sein, das uns beide interessiert und nicht nur dem Zweck dient, uns gemeinsam auf die Bühne zu bringen.

Meine Großmutter ist keine »Oma« im herkömmlichen Sinne. Für sie stand zeitlebens der Beruf an erster Stelle. Denke ich an sie, sehe ich eine disziplinier-

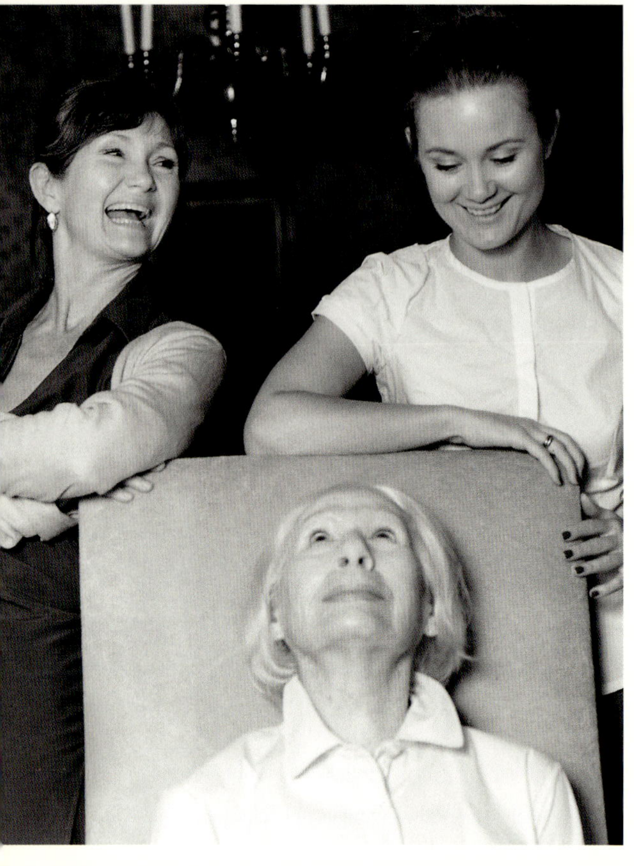

te, sehr gut angezogene Frau mit schlohweißem ge-
föhntem Bob und einem echten Charaktergesicht
vor mir. Ich konnte aber schon als Kind viel mit ihr
lachen, sie ist eine echte Komödiantin. Ihre zwei
Boxer, Toni und Nina, waren mein Ein und Alles.
Und in der Silberbüchse auf dem Couchtisch sind
die Pralinen, denen bis heute mein erster Gang
gilt, wenn ich das Haus meiner Großmutter betre-
te. Sie hatte über vierzig Jahre lang dieselbe Haushälterin. Susi war schon die Kinderfrau meiner
Mutter und hat auch mich in den ersten Jahren,
als meine Mutter mit mir alleine lebte, abends ins
Bett gebracht. Susi ist Familienmitglied und meine
dritte Oma.

Meine Großmutter nenne ich »Inge-Omi«. Sie
arbeitet bis heute. Sie lebt seit langer Zeit allein
und führt immer noch ein Leben für den Beruf.
Das Älterwerden ist auch für sie sicherlich nicht
einfach. Ich weiß, dass sie mich liebt und dass sie
viel an mich denkt. Vielleicht ist sie nicht die typi-
sche Oma, aber sie ist für mich ein ganz besonderer Mensch in meinem Leben.
Nicht gerade einfach, aber »einfach« ist ja auch kein Qualitätsmerkmal.

Ich habe sie häufig auf der Bühne gesehen und schätze sie als Schauspielerin sehr. Meine Oma und meine Mutter sind zwei völlig verschiedene Arten
von Schauspielerinnen. Sobald meine Oma den Fuß auf die Bühne setzt, sehe
ich: Das ist Inge Keller. Meine Mutter kann schon Minuten auf der Bühne gestanden haben, und ich habe sie nicht erkannt, weil sie sich verwandelt. »Die
Keller« ist immer und unverwechselbar »die Keller«. Das heißt aber nicht, dass
sie in ihren Figuren die private Inge Keller ist. Was ich von beiden mitnehmen
kann, ist das besondere Gefühl für Sprache. Das ist Können und Handwerk.

Ich bin vom Deutschen Theater der DDR geprägt und habe sehr klare Erinnerungen an diese Zeit, weil wir ein offenes Haus führten, viele Künstler bei uns
ein- und ausgingen und offen über alles gesprochen wurde. Ich war neun Jahre
alt, als die Mauer fiel, und habe das Ereignis sehr bewusst miterlebt. Ich war

   PAULINE KNOF

ab der dritten Klasse auf einer Spezialschule für Fremdsprachen, wie es in der DDR hieß. Meine Eltern wollten, dass ich Sprachen lerne, um eine Möglichkeit zu haben, das Land zu verlassen. Diese Schule war eine absolute Bonzenschule mit Stasi- und Parteikindern, was ich lange nicht wusste. Darüber rede ich jetzt mit meinen früheren Schulfreunden – eine sehr interessante Aufarbeitung. Für mich ging die DDR eigentlich noch bis zu meinem vierundzwanzigsten Lebensjahr weiter. Bis zum Abitur hatte ich weiterhin hauptsächlich Ostlehrer und dieselben Mitschüler. Dann studierte ich in Rostock auf einer Ost-Schauspielschule mit Ostprofessoren und -dozenten.

Als ich am Akademietheater in Wien meine erste Premiere hatte, war ich wahnsinnig aufgeregt. Meine Eltern saßen in der dritten Reihe. Sowohl sie als auch ich haben empfunden, wie unglaublich es doch ist, dass ich Schauspielerin in Wien war, einer Stadt, in die sie vorher nicht mal reisen durften.

Ich würde sagen, ich bin die faulste von uns drei Schauspielerinnen. Aber vielleicht ist das auch eine Generationenfrage. Sich an den Schreibtisch setzen und den Text durchgehen ist nicht meine Art zu arbeiten. Stillsitzen fällt mir schwer. Texte lerne ich nachts vor dem Einschlafen. Ich gehe aber auch mit der Rolle spazieren, geh ins Museum, sitz in Kaffeehäusern, und merke, dass ich durch die Dinge, die um mich herum passieren, für die Figur Eindrücke sammele. Mit meiner Familie spreche ich nicht gerne darüber. Ich habe ein paarmal meiner Mutter Text abgehört. Ich mag das nicht. Das hat aber nichts mit meiner Mutter zu tun, sondern mit mir. Ich bitte auch niemanden, mir Text abzuhören, weil ich das für einen ganz intimen Vorgang halte. Ich möchte den Text so lange in mir herumwälzen, laut und leise, bis er so herauskommt, wie ich es als richtig empfinde. Es fällt mir schwer, bei den beiden Rat einzuholen oder anzunehmen. In erster Linie sind sie meine Mutter und meine Großmutter, erst in zweiter Linie Kolleginnen. Ihr Weg zu den Auftritten geht mich eigentlich nichts an, ich möchte Publikum sein dürfen.

Wir lieben alle drei unseren Beruf, unter sehr unterschiedlichen Bedingungen. Gemeinsam ist uns die Spielfreude. Ich bin die dritte Generation, stolz darauf bin ich nicht, aber es treibt mich an, besser zu werden. Dann stehe ich vielleicht auch einmal auf der Bühne des Deutschen Theaters, meine Familie neben mir oder im Publikum. Dann schließt sich der Kreis: KELLER – SCHNITZLER – KNOF! Das wäre schön.

NINA SCHINDLER

BARBARA KNOF

BARBARA ROSE SCHINDLER

Jahrgang 1924,
Kosmetikerin

*Ich bin ganz stark in
meiner Familie verwurzelt.*

BARBARA KNOF

Als Nina (Regina) geboren wurde, war ich zweiundzwanzig Jahre alt. Ich war grenzenlos verliebt in meinen Mann, wir hatten gerade den Krieg hinter uns, waren beide ohne Heimat, ohne Geld, ohne Familienrückhalt. Meine Familie lebte in Ostdeutschland, im heutigen Polen, und die Familie meines Mannes in der Schweiz. Er war Auslandsdeutscher und zum Kriegsdienst nach Deutschland gekommen. Wir waren beide alleine, hatten nur uns, wie eine Insel. Aber wir waren alles andere als unglücklich, hoffnungslos oder gar mutlos. Wir waren bereit, ein neues Leben aufzubauen. 1946 kam Regina zur Welt. Sie war unser erstes Kind. Zu meiner Zeit betrachteten wir die Geburt eines Kindes als Segen, heute wird es wohl eher als Kostenfaktor gesehen. Wir hatten damals nichts, worauf wir bauen konnten. Aber ein Kind zu gebären war ein Wunder.

Regina wurde von allen geliebt, besonders von meinem Schwiegervater, für ihn war sie die erste Enkelin, das Gineli, wie er sie nannte. Ich habe mich als junge, unerfahrene Mutter ganz wesentlich auf die Erfahrungen, die ich in meiner eigenen Familie mit meinen Eltern, meiner Mutter gemacht hatte, bezogen und tunlichst alle Verrichtungen mit und an den Kindern so gemacht, wie es mir vorgelebt worden war, und hatte nie Zweifel daran, dass das in Ordnung war. Wir haben damals Grenzen gekannt und gesetzt und haben uns nicht so auf der Nase herumtanzen lassen, wie die heutigen Eltern es tun. Es gab das Leben mit den Kindern, und daneben war mein Leben mit meinem Mann.

Als Regina zwei Jahre alt war, hatten wir mit ihr ein einschneidendes, ganz schreckliches Erlebnis: Eine Kanne mit kochend heißem Kaffee entleerte sich über ihren Körper. Regina war, während ich ihr den Rücken zukehrte, an den

Tisch getreten, zog an der Kaffeemütze, die Kanne fiel um, und der heiße Kaffee ergoss sich über sie, es war grauenvoll. Ich zog ihr sofort die Kleider aus, und mit den Kleidern ging gleich die ganze Haut ab. Sie verbrühte sich so sehr, dass sie lebensgefährlich verletzt war. Das geschah, kurz bevor mein zweites Kind geboren wurde.

Regina lag im selben Krankenhaus, in dem dann der kleine Arno auf die Welt kam, und die Schwestern nahmen sie immer mit ins Säuglingszimmer und zeigten ihr ihren kleinen Bruder. Eines Sonntagnachmittags, als es im Krankenhaus still war, ging ich in das Zimmer, wo Regina in ihrem Bettchen saß. Es ist mir unvergesslich, wie sie mich mit ganz großen blauen Augen ansah und nicht erkannte. Ich sagte: Regina, ich bin deine Mutti. Aber sie rührte sich nicht und konnte gar nichts damit anfangen. Ich machte die Erfahrung, dass ein ganz kleines Kind seine Mutter vergisst. Aber von dem Moment an hatte ich die kleine Krabbe von morgens bis abends am Hals, sie war permanent bei mir im Wöchnerinnenzimmer, und es hat sich ganz schnell ein enger und inniger Kontakt hergestellt. Es dauerte lange, bis die Wunden verheilt waren. Mein Mann fuhr mit ihr alle zwei Tage ins Krankenhaus, und sie zitterte vor Angst, weil jeder Verbandswechsel ihr unglaublich wehtat.

Ihre Pubertätsphase war eine schreckliche Zeit. Inzwischen waren noch vier Geschwister geboren worden. Regina war durch ihre intellektuellen In-

teressen sehr auf sich bezogen, las viel, hatte Freunde, war in der Schule vorzüglich – und drückte sich vor allen Haushilfsarbeiten. Es kam die entsetzliche Zeit mit diesen drei bis sieben Unterröcken, Petticoats, und den aufgebauschten Haaren. Wir erlebten schreckliche Szenen: Einmal verabschiedete sie sich an der Haustür, um in die Schule zu gehen, und ich sah sie mit diesen entsetzlichen Petticoats, da habe ich sie ihr alle unten herausgerissen. Meine Maßnahmen waren damals wohl nicht sehr einfühlsam. Es war ein Kampf, wirklich ein Kampf.

Nach dem Abitur zog sie aus, ging an die Uni und geriet genau in die Achtundsechzigerphase hinein. Das war furchtbar. Sie hatte verschiedene Liebschaften mit Jungs, die sie uns fröhlich vorstellte, und wir sollten immer ganz lieb zu ihnen sein: Mutti, wenn du denen gar nicht entgegenkommst, musst du dich nicht wundern. Dann kam die politische Phase im SDS (Sozialistischer Deutscher Studentenbund). Von sich aus wäre sie wohl nicht dabeigewesen. Ich denke, das war der Einfluss der jeweiligen Jungs.

Als sie mit Alexander schwanger wurde, haben wir das wohl oder übel hingenommen. Wir konnten ja nichts gegen den Vater vorbringen, zumal er Regina unbedingt heiraten wollte. Aber sie wollte ihn nicht. Ich könnte heute nicht einmal sagen, welches ihre Gründe waren. Alexander war dann unser erster Enkel, und wir haben ihn heiß geliebt. Er war ein außerordentlich liebenswertes Kind. Regina lebte in Gießen in Verhältnissen, die uns überhaupt nicht gefielen, ganz und gar unbürgerlich. Das hatten wir uns für unsere Erstgeborene nicht vorgestellt. Sie hat uns das Leben schwergemacht. Aber sie nahm dennoch an unserem Familienleben teil. Diese Verwurzelung in der Familientradition hat Regina nie aufgegeben und immer befürwortet.

Wir hatten ein ergreifendes Erlebnis, als sie heiratete. Sie hatte uns mitgeteilt, dass sie mit Hans Schindler zusammen sei und dass er sie heiraten wolle. Sie würden jetzt in Gießen aufs Standesamt gehen und am Nachmittag nach Idstein kommen und feiern. Da lud ich, ohne dass sie es wusste, meine Eltern, die Geschwister, alle, die uns nahestanden, ein – und sie kamen alle. Als Regina und Hans mit Alexander eintrafen, saßen alle zusammen, mein Mann Arno stand vor dem Kamin. Die Tür ging auf, und Regina war ganz erschrocken. Als sie sah, dass wir alle versammelt waren, war sie so zu Tränen gerührt, dass sie ihrem Vater in die Arme stürzte und minutenlang an seiner Schulter schluchzte. Das war die Heimkehr, muss man sagen, denn Vater Arno war sehr enttäuscht gewesen von seiner Tochter. Von dem Moment an hat es keine Schwierigkeiten mehr gegeben. Ich denke, der Zusammenhalt war niemals und durch nichts ernsthaft gefährdet, wenngleich manche dunkle Wolke über uns hinweggezogen ist. Sie gründete dann mit Hans ihre eigene Familie, und nach vier Jungs wurde Rose geboren. Regina war zu Tränen gerührt, als sie mir am Telefon mitteilte: Es ist ein kleines Mädchen, Mutti, ich krieg ein kleines Mädchen! Das war ihr großer Wunsch gewesen. Für mich war Rose eines von vielen Enkelkindern. Ich hatte zwei Söhne, drei Töchter und fünfzehn Enkelkinder, ich hatte keine Prioritäten.

Rose habe ich selten gesehen. Die Familie wohnte in Bremen, wir wohnten in Idstein. Sie war als Jüngste mit vier Brüdern ein bisschen verwöhnt und spielte gerne eine Sonderrolle. Sie war deshalb nicht sehr beliebt bei ihren Cousinen. Aber ich erlebe sie als eine ganz liebevolle Enkelin, die mir mit Respekt begegnet. Ich war allerdings nie allein mit ihr. Die Bremer, Regina mit ihrer Familie, sind so eng zusammen. Wenn man zu ihnen kommt, wird man liebevoll aufgenommen – und dann fährt man wieder weg. Wir sind uns in Liebe verbunden, aber wir haben nichts miteinander zu tun.

Roses Generation ist sicher nicht so aufmüpfig. Rose hatte auch nie einen Grund dazu, ihre Eltern brachten ihr hundertprozentiges Verständnis entgegen. Das hatte Regina mit uns nicht erlebt. Wir waren viel kritischer gegen die Jugend. Die Eltern sind heute willfähriger, großzügiger. Sie können das auch sein, sie sind nicht so arm, wie wir es waren. Bei uns wurde noch über jedes Senfglas, das zu Boden ging, geschimpft. Wenn heute etwas zu Bruch geht, wird es neu gekauft und fertig. Ich habe oft zu meinen Kindern gesagt: Wir haben, was wir haben, nicht, weil der Vater so viel verdient hat, sondern weil wir auf so vieles verzichteten. Und dazu stehe ich.

Alle meine Kinder gingen dann aus dem Haus, haben studiert, etwas gelernt, nur ich war immer zu Hause, habe geputzt und gewaschen und gekocht und gegärtnert. Nun war auch für mich der Zeitpunkt gekommen, beruflich tätig zu werden. Ich lernte Kosmetikerin. Zeit hatte ich, Raum auch, medizinisches Grundwissen brachte ich mit. Ich hatte Medizin studiert und vor dem Krieg gerade noch das Physikum gemacht. Aber nach Kriegsende konnte ich nicht weiterstudieren, die Universitäten waren zerstört, und zum Studium zugelassen wurden nur Männer, besonders Familienväter, die im Staatsexamen gewesen und in der Situation eingezogen worden waren. Nach einem Jahr Ausbildung schloss ich mit siebzehn Einsen ab und richtete mir ein kleines Kosmetikstudio hier im Haus ein. Und das war mein ganzes Glück. Ich hatte vorher keinen Mangel empfunden, aber dieser berufliche Schritt hat mich geradezu glückselig gemacht. Nicht zu unterschätzen war dabei, dass ich eigenes Geld verdiente. Das erste Mal.

Ich denke mir, wenn ich einmal pflegebedürftig werde, nehme ich mir eine Polin ins Haus. Ich habe ja Platz. Alle Kinder sind dafür. Ich sage oft: Kinder, ich lebe wie ein König in dem Haus, ganz alleine, das ist doch gar nicht zu verantworten. Dann kriege ich von allen fünfen zu hören: Es gibt nur eine Frage – möchtest du in dem Haus leben oder nicht? Ich sage: Ja, ich möchte hier leben. Dann brauchen wir nicht weiter darüber zu reden.

Ich bin ganz stark in meiner Familie verwurzelt, das konnte ich auch an meine Kinder weitergeben, und ich sehe, dass sie es an ihre Kinder weitergeben. Das macht mich froh.

Jahrgang 1946,
Autorin

NINA SCHINDLER

Wir sind eine Sippe von Klugscheißern.

Wir waren als Kinder stark auf unsere Mutter bezogen, weil mein Vater durch seinen Beruf von montags bis freitags unterwegs war. Ich erinnere mich gern an das winzige Bauernhäuschen in Watterdingen, in dem wir die ersten Jahre wohnten. Damals waren nur mein Bruder und ich auf der Welt. Mein kleiner Bruder schlief im Kinderbett und ich in dem verwaisten Bett meines Vaters. Morgens rollte ich mich einfach über die Ritze und kuschelte bei meiner Mutter weiter, bis Zeit zum Aufstehen war. Diese Nähe und Innigkeit habe ich in schöner Erinnerung. Allerdings hatte meine Mutter ihr Leben wohl eigentlich völlig anders konzipiert. Sie wollte zwar Kinder, aber auch einen Beruf ausüben, den der Ärztin. Durch den Krieg war alles ins Rutschen gekommen. Ihr Studium konnte sie nach dem Krieg wegen der überfüllten Unis nicht beenden, und nun saß sie in diesem winzigen Nest mit uns Kindern und musste sich in ihrem Leben völlig neu einrichten. Im Rückblick wird mir klar, dass sie eigentlich eine Hausfrau wider Willen war.

Als wir nach Idstein zogen, hatten mein Bruder und ich ein unbekümmertes Kinderleben, ich war ein wildes Mädchen und nachmittags am liebsten in Lederhosen unterwegs. In der Pubertät gab es dann richtig Zoff. Meine Mutter fand meine vielen Petticoats und meine toupierten Frisuren total hässlich und stand mit einer Bürste an der Tür, wenn ich morgens so in die Schule gehen wollte. Es waren nicht unsere besten Jahre. Aber es gab immer wieder auch gute Zeiten; meine Interessen hat sie aktiv unterstützt. Als ich zehn war, überlegten mein Vater und meine Mutter, ob ich in ein Internat gehen sollte. Ich war entsetzt! Ich wollte nicht weg von zu Hause! Ich habe in meiner Familie gelernt, mich auseinanderzusetzen, nichts wegzustecken, nichts zu verleugnen.

Es wurde immer alles offen ausgesprochen, auch wenn es schmerzlich war. Ohrfeigen waren durchaus üblich. Die letzte bekam ich mit neunzehn von meinem Vater. Da waren alle verblüfft, ich glaube, er auch. Meine Mutter fing als Notbremse immer an zu brüllen, und mit sechzehn, siebzehn habe ich einmal gesagt: Hau mir lieber eine runter, aber brüll nicht so! Batsch, hatte ich eine sitzen. Ja, es wurde heftig gestritten, aber wir erlebten auch viel Schönes zusammen. Wir lasen die gleichen Bücher, sahen die gleichen Filme. Es gab viele Dinge, in denen wir uns nahe waren und die bis heute Gesprächsthemen bieten.

Ein Ereignis war tiefgreifend: Als ich zweiundzwanzig Monate alt war, habe ich eine Kanne mit heißem Kaffee über mich gegossen und mich lebensgefährlich verbrüht. Ich habe überlebt, aber es bedeutete die erste Trennung von meinen Eltern, und als ich nach drei Wochen in fremder Umgebung und mit furchtbaren Schmerzen nach Hause kam, war plötzlich Konkurrenz da – in der Zwischenzeit war mein Bruder geboren worden. Das Trauma der sehr schmerzhaften Verbrühung wurde dadurch verstärkt, dass ich nicht mehr die Nummer eins war.

Während des Studiums trat ich mit großen Weltverbesserungsidealen in den SDS ein und habe Mutter mit meiner politischen Entwicklung vor den Kopf gestoßen. Sie schrieb mir ganz rührende Briefe, in denen sie versuchte, mir ihre Position klarzulegen. Ich würde Rotz und Wasser heulen, wenn ich sie heute wieder lesen würde, weil darin viel Liebe ihre Sorgen diktierte. Mit meinem Vater wurde die politische Auseinandersetzung noch heftiger geführt. Als ich einen schwarzen Freund hatte und für die Aufhebung der Rassenschranken plädierte, hielt mein Vater heftig dagegen, die Natur habe Mischehen nicht vorgesehen. Wir fetzten uns ganz furchtbar, bis meine Mutter sich einmischte: Arno, was willst du eigentlich? Eigentlich war doch eines unserer Erziehungsziele, dass sie ein offenes Herz für andere Menschen hat. Es gab auch gute Momente in diesen Konfliktsituationen.

Nach meinem Studium fand ich, es wäre Zeit, ein Kind zu haben – ein Kind, aber keine Ehe. Es gab eine Szene, die finde ich heute sehr komisch. Meine

   NINA SCHINDLER

Mutter sagte: Wie kannst du es deinem ungeborenen Kind zumuten, nicht zu heiraten! Ich habe geantwortet: Wie konntet ihr mich damals, 1946, in die Welt setzen, wo ihr nicht mal wissen konntet, ob ich jemals einen Schluck Milch kriegen würde? Ja, wir haben mit harten Bandagen gekämpft. Das eigentlich Verrückte war, dass ich mich trotz aller Streiterei immer geliebt fühlte.

Mein Mann Hans meinte, ich würde immer, wenn er mit mir nach Hause fuhr, auf einmal wieder zur Tochter. Gar nicht die Frau, die er kannte, die unabhängige, selbstständige. Das ist bestimmt richtig, man schlüpft schnell wieder in alte Rollen. Aber ich habe mich während unserer konfliktreichen Jahre von meinen Eltern wirklich gelöst, so dass ich mich mit ihnen später auf einer anderen Ebene wieder in Freundschaft verbinden konnte.

Meine Mutter ist Ratgeberin, auch Vorbild. Sie hat das Lesen, das Schreiben, die Kunst in die Familie getragen. Sie macht wunderbare Scherenschnitte. Beim Stricken denkt sie sich schöne, originelle Sachen aus, sie hat Spaß an Mode, Spaß an Schmuck. Ihre Ästhetik ist mir bis heute wichtig. Ich erfahre jetzt, bei den Auseinandersetzungen mit meiner Tochter, wie sehr ich vom »Goldenen Schnitt«, wie ich es nenne, geprägt bin.

Hans und ich bekamen vier Söhne, Rose war das Schmankerl. Meinen Ältesten hatte er adoptiert, und ihm hätten eigentlich zwei Kinder gereicht, aber

er sah, dass ich mich nach mehr Kindern sehnte, und so wurden nach und nach noch drei geboren. Drei Jahre nach der Geburt unseres jüngsten Sohns fragte er in einer Januarnacht: Was hältst du von noch so einem kleinen rosa Wesen? Aber du weißt, wir können nur Jungs, dass mir keine Klagen kommen! Nein, antwortete ich, ich nehme jedes kleine rosa Wesen, mit und ohne Schniedel. Ja, und dann wurde es die erste und einzige Tochter. Auch nach Roses Geburt habe ich noch drei, vier Jahre mit halber Stelle gearbeitet, dann wurde es mir langsam zu viel. Das lag mehr an der Art des Berufs, an der Lehrerei, denn gearbeitet habe ich immer gerne. Diese Erfahrung kenne ich von meiner Mutter, die, als meine jüngste Schwester aus dem Gröbsten heraus war, eine Ausbildung zur Kosmetikerin machte und sich ein Studio einrichtete, um Idsteins Frauen zu verschönern.

Ich habe Rose bewusst den Namen meiner Mutter gegeben, Barbara Rose. Wir waren alle völlig aus dem Häuschen, als sie geboren wurde. Ich habe sie als eine zarte Elfe wahrgenommen, und das Elfenhafte behielt sie während ihrer Kleinkindzeit. Feingliedrig, zart, blond, kleine Löckchen. Sie war und ist mir eine wundervolle Gefährtin, vom fünften Lebensjahr an ging sie freiwillig mit in Museen, wollte alles sehen und interessierte sich für Kunst. Wir sehen uns heute noch zusammen Filme an, die wir beide lieben, oder schicken uns Bücher. Wobei sie es mit dem Lesen nicht so hat. Sie gehört zur neuen Generation, die die visuellen Medien bevorzugt. Wir sind uns nah, ich könnte Rose dauernd in den Arm nehmen, aber sie grenzt sich auch sehr deutlich von mir ab. Ihr Eigensinn und ihre Unbedingtheit sind für mich wahrscheinlich genauso nervig, wie sie es früher bei mir für meine Mutter waren. Wenn ich von etwas überzeugt bin, muss es schon verdammt gute Argumente geben, bevor ich wieder davon ablasse. Das erlebe ich nun auch bei Rose. Es ist ganz niedlich, wie ich von ihr die Welt erklärt bekomme. Manchmal finde ich es ein bisschen beleidigend, aber meistens finde ich es schön. Wir sind eine Sippe von Klugscheißern.

Was mich beglückt, ist das tolle Verhältnis, das Rose zu ihren Brüdern und deren Freundinnen und Frauen hat. Und sie ist ihren Freundinnen eine sehr

   NINA SCHINDLER

ernsthafte Freundin, darin erkenne ich mich wieder. In diesem Zusammenhang finde ich ihre Urteile und ihre Sicht auf die Dinge sehr reif. Sie handelt auf einer Entwicklungsstufe, die ich in ihrem Alter noch nicht hatte. Ich wundere mich, dass ein so junger Mensch alles so klug durchdenkt. Ich war in dem Alter viel dusseliger, war fröhlich und hatte ein schönes Leben. Wie sie sich zum Beispiel von ihrem ersten Freund getrennt hat, fand ich gruselig, aber es war für sie eine klare Entscheidung, und so ist sie durch die Traurigkeit gegangen und hat versucht, so wenig verletzend wie möglich zu sein. Nur aus Mitleid zu bleiben kam für sie nicht infrage. Ich weiß nicht, ob ich das in dem Alter geschafft hätte. Das schaue ich mir aus der nahen Ferne an und habe großen Respekt davor, wie souverän sie bestimmte Dinge angeht.

Nach dem Tod meines Vaters begannen Hans und ich, mit meiner Mutter schöne Städtereisen zu unternehmen, sie ist eine wunderbare Reisegefährtin, und Rose war häufig dabei. In Hotels teilte sie mit Großmutter das Zimmer, und sie haben ein bisschen ihr eigenes Ding gemacht.

Ich sehe mich ganz stark als Glied einer Generationenkette, sie ist Teil meines Lebens. Ich bin sehr dankbar dafür, die grundsätzliche Geborgenheit in der Familie zu spüren, und betrachte es als Luxus, sich ohne Verlustangst auseinandersetzen zu können. Mir graut vor dem Tag, an dem meine Mutter mal nicht mehr sein wird. Zur diamantenen Hochzeit meiner Großeltern habe ich ein Gedicht gemacht: »Ihr schenkt uns, das ist eure Tugend, ihr schenkt uns hier die ewige Jugend.« Mit aktiven Eltern und Großeltern bleibt man jünger, lebendiger, als wenn man schon am Ende angekommen ist und nur noch zurückschaut.

Ich glaube, dadurch, dass Rose das einzige Mädchen und die Jüngste ist, haben wir eine andere Beziehung zueinander als meine Mutter und ich. In der Retrospektive bedauere ich, dass meine Mutter mich als Kind nicht zu ihrer Verbündeten im Haushalt und in der Familie gemacht hat, aber man muss bedenken, wie jung sie war, als sie sich diesen vielen Anforderungen gegenübersah, und wie normiert das Leben einer Frau damals war. Da hatte ich es schon viel besser: Meine Generation konnte experimentieren, übernommene Rollenbilder hinterfragen. Ich bin gespannt, wie Rose das mal angehen wird, aber die Zeichen stehen gut. Sie hat meine Neugier und die Hingabe meiner Mutter: eine gute Kombination.

*Ich sehe große Unterschiede
zwischen den Generationen.*

BARBARA ROSE SCHINDLER

Ich habe meine Mutter als sehr liebevoll in Erinnerung. Wir hatten während meiner Kindheit viel Körperkontakt, und sie hat uns viel vorgelesen. In meiner Erinnerung war sie immer präsent, weil sie zu Hause arbeitete. Sie war unglaublich stolz auf mich und hat versucht, mich schick anzuziehen, oft auch gegen meinen Willen. Wir hatten heftige Diskussionen deswegen, aber so richtig gewehrt habe ich mich erst mit vierzehn, fünfzehn Jahren. Morgens hat sie mir die Haare geflochten, das war unser schönes Morgenritual. Sie versuchte auch lange Zeit, meine beste Freundin zu sein, aber das hat nicht immer geklappt. In der Pubertät haben wir viel miteinander gekämpft. Das Komische war, dass ich immer das Gefühl hatte, sie ist in der Pubertät und ich bin rational. Vielleicht nimmt man das einfach nur so wahr, weil man denkt, dass man jetzt erwachsen ist, was man ja noch gar nicht ist. Jedenfalls wollte ich mich nicht so von Gefühlen leiten lassen. Meine Eltern konnten mit meinen Leistungen zufrieden sein. Ich habe mich immer angestrengt und sie nie herausgefordert. Es gab Regeln, und sie zu verletzen ist mir nie in den Sinn gekommen.

Weil ich die Jüngste bin, musste ich viele Kämpfe alleine ausfechten. Als ich kleiner war, hatte ich noch meine Brüder, aber als ich in die Pubertät kam, waren alle schon ausgezogen. Das war hart für mich, denn meine Mutter ist eine starke Persönlichkeit, sie hatte viel Macht über mich, auch die Macht, mich zu verletzen. Sie hatte eine bestimmte Vorstellung davon, wie ich sein sollte; zum Beispiel fand sie mich zu dick und hat mir das auch klar zu verstehen gegeben. In ihre Klamotten von damals, als sie so alt war wie ich, passte ich nicht hinein. Sie hat mir damit sehr wehgetan, und ich hatte lange Zeit das Gefühl, zu dick zu sein. Oder einmal sah sie mich an und sagte: Du bist eben nicht schön, du bist eine klassische Schönheit. Da dachte ich: Danke, das braucht mein Ego unbedingt. Von ihr habe ich sicher diesen Hang zu Diskussionen, und ich mische mich, wie sie, manchmal in Diskussionen ein, auch wenn ich es nicht sollte. Das versuche ich einzuschränken. Etwas Wunderbares habe ich von ihr übernommen, das ist ihre Filmleidenschaft. Ich liebe Filme über alles, auch bei vielen Büchern sind wir uns einig. Und ich habe gerne mit ihr gekocht.

Wie sehe ich meine Mutter heute? Sie ist ein bisschen eine Dramatikerin, mit dramatischen Gesten. Und sie ist ein Mensch mit einem unglaublichen Wissensschatz. Es überrascht mich immer wieder, wie viel in ihrem Kopf gespeichert ist. Sie hat einen wenig ausgeprägten Orientierungssinn, was immer wieder zu lustigen Situationen führt. Wir haben zweimal zu zweit sehr schöne Ferien in England gemacht, dabei hat sie mir die wunderschönsten Museen gezeigt. Es berührt sie zutiefst, was Menschen schaffen, und sie möchte das auch anderen Menschen nahebringen. Wenn sie ein gutes Buch gelesen hat, gibt sie es jemand anderem und sagt: Das musst du unbedingt lesen! Meine Mutter liebt ihre Familie über alles. Sie hätte wahrscheinlich noch zehn weitere Kinder kriegen können und ist toll mit uns fertiggeworden, sie ist eine echte Power-Frau. Beruf, Karriere, Kinder, die beiden Häuser, wie sie das alles zusammen mit ihrem Mann bewältigt hat, das finde ich sehr beeindruckend. Ich kann mit allen Fragen zu ihr kommen. Entweder sie kann sie beantworten, oder sie weiß, in welchem Buch die Antwort steht, und wenn ich ein Problem hatte, über das ich nicht reden wollte, gab sie mir ein Buch, das mir geholfen hat. Sie hat selber ein Aufklärungsbuch geschrieben. Ich war damals schon aus dem Alter heraus, aber wir haben viel über Sexualität geredet.

Wenn ich einmal Kinder habe, möchte ich unbedingt ein paar Eigenschaften von ihr übernehmen, beispielsweise ihre liebevolle Art, wie sie mich als Kind getröstet, mich in den Schlaf gesungen hat. Dieses Gefühl von Geborgenheit, das sie uns vermittelt hat, das möchte ich meinen Kindern weitergeben. Ich möchte auch gemeinsam mit meinen Kindern diskutieren, bevor wir Entscheidungen treffen, und nicht einfach nur sagen: So ist das. Die Lebenslust, mit der meine Mutter durch ihr Leben geht, möchte ich meinen Kindern auch weitergeben. Und wie sie mit uns gereist ist, um uns die Welt zu zeigen, und ihre positive Sicht der Dinge.

Erinnerungen an meine Großmutter? Wenn wir nach Italien fuhren, haben wir bei den Großeltern Zwischenstopps gemacht. Dann saß Großmutter auf dem Sofa, und wir haben geredet und gelacht, aber ich war nie sehr nah mit ihr. Eine der wenigen tiefer gehenden Erinnerungen an sie habe ich, als sie einmal in Bremen mit uns allein war. Sie hatte Hackfleisch gekauft, wusste aber nicht, dass es schon gewürzt war, hat es also noch einmal gewürzt. Mein Bruder Flo und ich saßen vor unseren Tellern, probierten und spuckten den ersten Bissen sofort wieder aus. Sie war entsetzt und meinte: Wie hat euch eure Mutter nur erzogen! Aber dann probierte sie selbst und spuckte die versalzenen Hackbällchen auch sofort wieder aus. Sie lachte mit uns, und wir haben etwas anderes gekocht. Später sind wir zusammen gereist, meine Eltern, sie und ich. Dabei haben sie und ich uns häufig ein Hotelzimmer geteilt, das war immer schön und angenehm. Aber so etwas kam eher selten vor, und so stehen wir uns nicht besonders nahe. Vielleicht hat es auch mit dem Verhältnis zwischen meiner Großmutter und meiner Mutter zu tun, sie hatten früher viel Streit. Großmutter hat andere Töchter, die ihr wesentlich näherstehen als Nina. Aber ich bewundere, was sie in ihrem Leben geleistet hat: als Krankenschwester im Zweiten Weltkrieg und in den Wirren des Krieges, das Aufziehen von fünf Kindern in der schwierigen Nachkriegszeit.

Von Mutter und Großmutter möchte ich einiges unbedingt übernehmen, zum Beispiel, dass das Familienleben eine große Rolle spielt. Das hat meine Mutter wirklich geschafft, dass wir fünf Geschwister in Harmonie miteinander umgehen können. Wir treffen uns häufig auch ohne Eltern, und ich genieße es, dass wir uns so nahestehen. Jetzt studiere ich in Chemnitz, und das hat einige Probleme mit sich gebracht. Meine Mutter und ich mögen das Telefonieren nicht so sehr. Aber ich hatte zweimal in meinem Leben richtig großen Liebeskummer. Da habe ich sie angerufen, und sie meinte: Steig ins nächste Flugzeug und komm zu mir. So war es immer: Wenn etwas Schlimmes passiert, ist sie sofort für mich da, das gibt mir ein Gefühl der Sicherheit.

Ich sehe große Unterschiede zwischen den Generationen. Allein wie meine Großmutter wahrscheinlich mit dem Thema Partnerschaft umgegangen ist und wie so eine Partnerschaft zu funktionieren hatte. Und meine Mutter, die, als sie ihren Partner gefunden hatte, immer an ihm festhielt, egal was passierte. Ich selber bin noch nicht so weit, dass ich den Partner fürs Leben suche. Aber

auf jeden Fall werde ich nicht, nur weil ich an jemanden gebunden bin, unbedingt bei ihm bleiben, wenn ich merke, dass es mich nicht zufrieden macht. Manchmal muss man sich einfach trennen. Für mich war es von großer Bedeutung, herauszufinden, was mir in einer Beziehung wichtig ist, das konnte ich nur durch verschiedene Menschen herausfinden.

Auch was die Technik betrifft, gibt es große Unterschiede zwischen den Generationen. Ich bin mit der neuen Technik aufgewachsen, habe zwei Computerscheine gemacht, weil ich für mein Studium auf das Internet angewiesen bin. Meine Oma schreibt sehr gerne Briefe. Ich würde das auch gerne können, aber ich schreibe so viel falsch und habe auch keine schöne Handschrift.

Ich sehe mich stark mit Mutter und Großmutter in einer Familienkette. Schon durch den Namen Barbara fühle ich mich meiner Großmutter verbunden. Ich würde gerne mehr über die vorigen Frauengenerationen herausfinden, warum sie so handelten, wie sie es taten. Das interessiert mich natürlich als Psychologiestudentin generell, besonders die Konflikte und die Folgen. Es gibt keinen Menschen, der so gut zu mir passt und auch auf mich einwirken kann wie meine Mutter. Auch Großmutter ist ein lebensfroher Mensch und sehr gerecht. Ich bin beeindruckt von beiden Frauen und sehr froh, in der dritten Generation zu stehen.

ALESSANDRA BEFFA-BOGGIA

Geboren 1975 in Sorengo / Tessin. Architekturstudium an der Eidgenössischen Technischen Hochschule Zürich, Diplom 2001. 2001–2006 Tätigkeit bei verschiedenen renommierten Architekturbüros in Zürich und London. 2006 Rückkehr in die Schweiz. 2008 Gründung eines eigenen Architekturbüros zusammen mit Chiara Bernasconi. 2004 Heirat. Mutter einer Tochter. Lebt in Agno / Tessin.

MARGARITA BERTRAM

Als Margarita Peters 1926 in Hamburg geboren. 1938 Jungmädel, mittlere Reife, höhere Handelsschule. 1943 Pflichtjahr für sechs Monate, dann Einberufung zum Reichsarbeitsdienst im Oldenburger Land. 1944 Straßenbahnschaffnerin in Bremen, ausgebombt. Danach bis Kriegsende in Hamburg kriegsdienstverpflichtet. Schauspielstudium bei Helmuth Gmelin. Elevenzeit am Thalia-Theater in Hamburg. 1947 Engagement in Schwaben und an der Bodenseebühne Überlingen. 1948 erste Heirat, 1949 Geburt der Tochter Angelica in Hamburg, Ende der Schauspielerei. 1953 Scheidung, Berufstätigkeit beim NDR. 1954 zweite Heirat und Übersiedlung nach Luzern / Schweiz. 1955 Geburt der Tochter Christiane. 1958 Hausfrau in Hamburg. 1972 zweite Scheidung, 1972–1986 erfolgreiche Berufstätigkeit beim NDR. Lebt in Hamburg.

ROSI BETHKE

Geboren 1935 in Kitzbühel / Tirol. Bis 1950 Besuch der dortigen Mittelschule. Als Vorbereitung auf den Wunschberuf Säuglingsschwester nahm sie eine Stelle als Kindermädchen bei einer Gräfin an. Der Besuch der Säuglingsschwesternschule zerschlug sich aus wirtschaftlichen Gründen. 1956 Heirat mit einem deutschen Berufssoldaten. 1956, 1959 und 1960 Geburt der drei Kinder. Nach mehreren Umzügen lebt sie seit 1965 in Sonthofen. Ausbildung an der Deutschen Turnschule Frankfurt / Main mit Abschlussprüfung in München-Grünwald. Tätigkeit als Lehrkraft für Sport am Gymnasium Oberstdorf und in der Sportabteilung eines großen Kaufhauses. Nebenbei neun Jahre lang Leiterin einer Leistungsriege und 25 Jahre lang Leiterin einer Tanzgruppe (Garde). Aktiv im Reitsport ab dem Alter von 58. 1980 Tod des Ehemanns. Fünf Enkel.

Geboren 1959 in Schongau / Oberbayern. Sie hat in ihrer Jugend sehr viel Sport gemacht, besonders Turnen und Leichtathletik. Nach dem Fachabitur 1977 sechs Monate in England (Job in einem Restaurant) und sechs Wochen in Frankreich (als Schäferin in den Alpen). 1980–1985 als Stewardess bei der Lufthansa. 1985 Heirat mit Robert Frank. 1987 Geburt von Mara, 1990 von Sina, 1992 von Lea und 1995 von Robbi. Am Tag von Maras Geburt Prüfung zur Hotelkauffrau. 1994 wurde ihre vierte Tochter geboren; sie hatte sich die Nabelschnur um den Hals gelegt und kam tot zur Welt. Seit 1997 Leitung des »Parkhotel Frank« in Oberstdorf.

LINA BISCHOFBERGER-BÄNZIGER

Geboren 1924 in Mohren bei Reute / Appenzell. Abschluss der Sekundarschule in Altstätten / St. Gallen. Als Köchin bei verschiedenen Unternehmen tätig. Seit der Heirat mit Roman Bischofberger 1948 Stickerin. Teilnahme an der Expo 64 in Lausanne. 1988 Tod ihres Mannes. Lebt in Steingacht bei Reute / Appenzell.

ROSMARIE BOGGIA-BISCHOFBERGER

Geboren 1950 in Reute / Appenzell. Abschluss der Sekundarschule in Oberegg / Appenzell. Besuch der Bündner Frauenschule in Chur. Tätigkeit als diplomierte Heimpflegerin und (seit 1981) als Postbeamtin. 1974 Heirat. Lebt in Novaggio / Tessin.

MATHILDE ERBEN

Nach Studium und Aspirantur wirkte sie fünfzig Jahre als Dozentin und Professorin in den Fächern Klavier und Kammermusik an der Hochschule für Musik und Theater Felix Mendelssohn Bartholdy in Leipzig. Neben ihrer Lehrtätigkeit konzertierte sie viele Jahre zusammen mit ihrem Mann, dem Cellisten Professor Friedemann Erben, im In- und Ausland. Sie trat als Solistin in Orchesterkonzerten auf, wirkte als Pianistin bei Kammermusikaufführungen mit und spielte Rundfunk- und Schallplattenaufnahmen ein. 1972 gründete sie zusammen mit ihrem Mann, ihrer Tochter Cornelia (Flöte) und ihren Söhnen Christian (Violoncello) und Frank-Michael (Violine) ein Quintett, das sich zu einem anerkannten Kammermusikensemble entwickelte und auch nach dem Tod Friedemann Erbens musizierte (1992 auf Einladung von Kurt Masur in New York). Mathilde Erben gab Klavier- und Kammermusikkurse sowie Konzerte in England, den USA, Südfrankreich und Österreich (Salzburg).

MARA FRANK

Geboren 1987 in Oberstdorf. Dort 2007 Abitur. 2007–2009 Ausbildung zur Hotelkauffrau
im Hotel »Sonnenalp« in Ofterschwang/Allgäu. Seit 2009 Studium der Unternehmensfüh-
rung in der Tourismus- und Freizeitwirtschaft in Innsbruck.

ANNE HEINRICH

Als Anne Behr 1939 in Neuenfelde/Altes Land geboren, aufgewachsen auf dem elterlichen
Obsthof dort. Ausbildung zur Obstbäuerin und Hauswirtschafterin auf einer Handelsschule, einer Hauswirtschaftsschule und einem Lehrobsthof. Arbeit auf dem elterlichen Obsthof. 1962 Heirat mit Hans Heinrich, 1964 Geburt von Angela, 1968 von Birgit. 1965 Übernahme des Hofs gemeinsam mit Ehemann Hans. 1989 Tod des Mannes. 1994 Übertragung
des Obsthofs auf Tochter Birgit. Lebt im schönen alten Bauernhaus auf dem Obsthof in
Neuenfelde.

INGE KELLER

Geboren 1923 in Berlin-Friedenau. Ausbildung an der Schauspielschule in Berlin. 1942 Thea-
terdebüt im Theater am Kurfürstendamm. Wanderjahre auf Bühnen in Freiberg und Chem-
nitz. 1949 Filmdebüt in *Quartett zu fünft*. Ab 1950 im Ensemble des Deutschen Theaters in
Berlin. 1952 Heirat mit Karl-Eduard von Schnitzler. 1953 Geburt der Tochter Barbara. 1956
Scheidung. Zahlreiche Theater- und Filmauftritte, dazu Auszeichnungen. Lebt und arbeitet
bis heute in Berlin. Buch- und Hörbuchveröffentlichungen (z. B. Keller, Inge/Schütt, Hans-
Dieter: *Inge Keller. Alles aufs Spiel gesetzt*, Das Neue Berlin, Berlin 2007; Keller, Inge/Schmidt,
Jürgen: *Inge Keller. Porträt einer Schauspielerin*, Eulenspiegel, Berlin 2007).

CHARLOTTE KNOBLOCH

Geboren 1932 in München. Flucht vor den Nationalsozialisten und Leben unter einem
Decknamen in Mittelfranken bis 1945. Besuch der Handelsschule und Arbeit in der väter-
lichen Kanzlei. 1951 Heirat mit Samuel Knobloch. Im selben Jahr Geburt des Sohns Bernd,
1953 Geburt der Tochter Sonia, 1963 Geburt der Tochter Iris. 1985 Wahl zur Präsidentin der
Israelitischen Kultusgemeinde München und Oberbayern. 2005 Ernennung zur Münchner
Ehrenbürgerin. 2006 Wahl zur Vorsitzenden des Zentralrats der Juden in Deutschland (Aus-
übung des Amtes bis 2010). 2008 Verleihung des Großen Verdienstkreuzes des Verdienst-
ordens der BRD.

BARBARA KNOF

1924 in Greifswald geboren. 1941 Abitur in Berlin, danach Studium der Medizin in Berlin,
München und Prag bis zum Physikum. 1944 Heirat mit Arno Knof, Marineoffizier, in Bern-
stein / Neumark. Februar 1945 Flucht aus Prag nach Kiel, wo sie sich mit ihrem Mann für
»nach dem Krieg« verabredet hatte. Geburt der ersten Tochter in Lüdenscheid, dann Umzug
nach Watterdingen / Hegau. Geburt des ersten Sohns. Vergeblicher Versuch, das Studium
fortzusetzen (Heimkehrer wurden bevorzugt). 1951 Umzug nach Idstein / Taunus. Geburt
des zweiten Sohns und der zweiten und dritten Tochter. 1970 Ausbildung zur Kosmetikerin
und bis 2000 selbstständige Tätigkeit in diesem Beruf. Fünfzehn Enkel und sieben Urenkel.
1996 Tod ihres Mannes. Seither lebt sie inmitten eines großen Freundeskreises in Idstein
oder in ihrem Haus in der Bretagne.

PAULINE KNOF

Geboren 1980 in Berlin. Ausbildung an der Hochschule für Musik und Theater in Rostock.
Seit 1998 mehrere Theater- und Fernsehauftritte. 2004 – 2009 im Ensemble des Burgtheaters
in Wien.

VERA LIMACHER

Geboren 1979 in Hamburg. Nach dem Abitur (1998) Romanistik- und Italienischstudium
an der Universität Hamburg (1999), danach Modedesignstudium an der Akademie Mode &
Design (AMD) Hamburg. 2003 – 2008 lebte sie in Barcelona. Im Anschluss war sie als De-
signassistentin und Deutschlehrerin tätig. 2008 Umzug nach Zürich und Heirat mit Jakob
Limacher. 2011 Geburt des Sohns Julian Elias Limacher.

BIRGIT MÄHLMANN

Als Birgit Heinrich 1968 in Hamburg-Harburg geboren. Lehren als Einzelhandelskauffrau
und Staatlich geprüfte Wirtschafterin im Obstbau. 1994 Übernahme des elterlichen Obsthofs. 1994 Heirat mit Ralf Mählmann. 1995 Geburt von Lena, 1997 von Pia Susann und 1998
von Jan. 2004 Umstellung auf ökologischen Landbau. Sie wurde in der mehrteiligen Fern-
seh-Sendereihe *Landfrauenküche* porträtiert, die der NDR 2009 gedreht hat.

LENA MÄHLMANN

1995 in Jork / Niederelbe geboren. Sie ist Schülerin eines Gymnasiums in Hamburg-Harburg
und lebt auf dem Obsthof ihrer Familie im Alten Land.

Geboren 1920 in Crailsheim / Baden-Württemberg. Arbeit in der elterlichen Bäckerei. Während des Zweiten Weltkriegs Arbeit als Bürokraft. 1945–1947 Hauswirtschafterin in der Nähe von Crailsheim. 1953 Heirat. 1954 Geburt des Sohns Wolfgang, 1959 Geburt der Tochter Sabine. Leitung des Musikgeschäfts ihres Mannes. Künstlerische Tätigkeit (Porzellan- und Seidenmalerei).

SABINE MEYER

1959 in Crailsheim geboren, schlug Sabine Meyer nach dem Studium in Stuttgart bei Otto Hermann und in Hannover bei Hans Deinzer zunächst die Orchesterlaufbahn ein und wurde Mitglied des Sinfonieorchesters des Bayerischen Rundfunks. Es folgte ein Engagement als Solo-Klarinettistin beim Berliner Philharmonischen Orchester, das sie jedoch bald aufgab, da sie zunehmend als Solistin gefragt war. Seit fast einem Vierteljahrhundert führen ungezählte Konzerte sowie Rundfunk- und Fernsehauftritte sie in alle Musikzentren Europas sowie nach Brasilien, Israel, Kanada, Afrika und Australien, seit zwanzig Jahren ebenso regelmäßig nach Japan und in die USA. Sabine Meyers besondere Zuneigung gehört der Kammermusik. Sie gab Meisterkurse in Deutschland, Italien, Österreich, Japan und den USA und wurde 1993 als Professorin an die Hochschule für Musik in Lübeck berufen. Bei EMI Classics hat sie zahlreiche Einspielungen vorgelegt; für acht von ihnen wurde sie mit dem »ECHO Klassik« ausgezeichnet. Sie ist Trägerin des »Niedersachsenpreises« und des »Brahms-Preises« der Brahms-Gesellschaft Schleswig-Holstein (2001) und Mitglied der Akademie der Künste Hamburg. 2007 wurde ihr der Hauptpreis des »Praetorius-Musikpreises Niedersachsen« verliehen, 2010 der Orden »Chevalier des Arts et des Lettres«, außerdem der Verdienstorden des Landes Baden-Württemberg.

JULIA ONKEN

Geboren 1942. 1987 Gründung des Frauenseminars Bodensee. Arbeitet als Psychologin und Therapeutin. Zahlreiche Buchveröffentlichungen (z. B. Onken, Julia: *Herrin im eigenen Haus. Weshalb Frauen ihr Selbstbewusstsein verlieren und wie sie es zurückgewinnen*, Goldmann, München 2001; Onken, Julia / Onken, Maya: *Hilfe, ich bin eine emanzipierte Mutter. Ein Streitgespräch zwischen Mutter und Tochter*, Beck, München 2006; Onken, Julia: *Spiegelbilder. Männertypen – wie Frauen sie durchschauen und sich dabei selbst erkennen*, Goldmann, München 2008).

MAYA ONKEN

Geboren 1968 in Münsterlingen/Schweiz. 1988 – 1995 Studium der Germanistik, Pädagogik
und Didaktik. 1994 – 1997 Ausbildung für das Diplom des Höheren Lehramts. Ab 1991 Lehr-
tätigkeit in den Bereichen Germanistik, Pädagogik und Didaktik. 1992 – 2002 Lehrtätigkeit
im Bereich Tanz und Bewegung. 1999 Geburt der Tochter Estelle, 2003 von Lucie. Seit 2006
Schulleitung des Frauenseminars Bodensee. Buchveröffentlichungen (z. B. Onken, Julia /
Onken, Maya: *Hilfe, ich bin eine emanzipierte Mutter. Ein Streitgespräch zwischen Mutter und
Tochter*, Beck, München 2006; Onken, Maya: *Heissssss. Eine Lustreise zur Sexgöttin*, Xanthippe,
Zürich 2009).

BARBARA ROSE SCHINDLER

Geboren 1988 in Bremen. Seit dem Abitur 2007 Psychologiestudium an der Technischen
Universität Chemnitz, 2010 Bachelor of Science.

NINA SCHINDLER

Geboren 1946 in Watterdingen/Hegau. Studium der Fächer Deutsch, Kunstgeschichte und
Französisch an der Universität Gießen. Tätigkeit als Gesamtschullehrerin. 1971 Geburt des
ersten Sohns, Alexander. 1977 Heirat mit Hans Schindler. Geburt von vier gemeinsamen
Söhnen und der Tochter Rose (1988). Autorin und Übersetzerin zahlreicher Kinder- und
Jugend- sowie Sachbücher.

BARBARA SCHNITZLER

Geboren 1953 in Berlin. Ausbildung an der Hochschule für Schauspielkunst Ernst Busch in
Berlin. Seit 1977 im Ensemble des Deutschen Theaters in Berlin. 1980 Geburt der Tochter
Pauline. Zahlreiche Theater- und Fernsehauftritte.

ANGELICA TENNSTEDT

Geboren 1949 in Hamburg. Studium der Pädagogik, Soziologie, Lateinamerikanistik und
Romanistik in Hamburg, Tübingen, Heidelberg und Berlin. Studienaufenthalte in Mont-
pellier und Barcelona. Unterrichtstätigkeit an Grund- und Hauptschulen in Heidelberg und
Hamburg. Seit 2001 Kursleiterin für Alphabetisierungs-, Sprach- und Integrationskurse in
Hamburg. Seit 1971 verheiratet, Mutter von drei Töchtern und Großmutter von fünf Enkel-
kindern.

ALMA TOASPERN

Geboren 1989 in Halle/Saale. Ballettunterricht ab 1995. 2007–2009 Mitglied im Leipziger Tanztheater. 2006–2007 Auslandsaufenthalt in Brest/Frankreich mit Schulbesuch. 2009 Abitur in Leipzig. Seit 2009 Studium des Zeitgenössischen und Klassischen Tanzes an der Hochschule für Musik und Darstellende Kunst (HfMDK) in Frankfurt/Main.

CORNELIA TOASPERN

Geboren 1956 in Leipzig. Erster Flötenunterricht mit zehn Jahren. Mehrere Preise bei nationalen Jugendwettbewerben. Biochemiestudium und Promotion (1984) an der Universität Leipzig. 1983 Staatsexamen im Fach Querflöte an der Hochschule für Musik in Leipzig. Zehn Jahre Soloflötistin und Solistin des Akademischen Orchesters Leipzig. 2000 Musikpädagogik- und Orchesterdiplom an der Hochschule für Musik und Theater Felix Mendelssohn Bartholdy in Leipzig. 2002–2005 Lehrtätigkeit an der FH Lausitz. Seit 2003 Musikschulleiterin der Kreismusikschule Bitterfeld. Kammermusiktätigkeit mit dem Erben-Familienquartett und dem Debussy-Trio. Konzerte im In- und Ausland, Rundfunk- und CD-Aufnahmen.

ALMA WEHLE

Geboren 1988 in Hannover. Ab 2008 Ausbildung zur Hotelfachfrau in Hamburg. Im Januar 2011 Arbeit im dortigen Hotel »Grand Elysee«. Ab Oktober 2011 Psychologiestudium.

Alle Fotos wurden von Ute Karen Seggelke aufgenommen mit Ausnahme der Kinder- und Jugendfotos, die aus dem Privatbesitz der Porträtierten stammen.

Copyright © 2011 Gerstenberg Verlag, Hildesheim
Alle Rechte vorbehalten
Gesetzt aus der Cycles und der Kievit
Gestaltung und Satz: typocepta, Wilhelm Schäfer, Köln
Lithografie: typocepta, Wilhelm Schäfer, Köln
Druck und Bindung: Offizin Andersen Nexö, Zwenkau
Printed in Germany
ISBN 978-3-8369-2649-2
www.gerstenberg-verlag.de